大学のメソッドで効率よく学習！

# ゼロから

# 宅建士

## ベーシックブック

### ③ 法令上の制限、税・その他

明海大学 不動産学部 編著

JN117053

住宅新報出版

# はじめに

　宅建士は、不動産関連の仕事に就いている人だけでなく、一般の人にも人気の高い国家資格です。取得すれば、就職や転職活動でも大いに役立ちます。

　私たち明海大学 不動産学部では、1・2年次の学生に宅建士の資格取得のための指導を行い、これまでに多くの学生を合格に導いてきた実績があります。将来、不動産の専門家として活躍するには、宅建士試験に合格できるだけの法律などの知識が必要、という考えから、基本から徹底的に教えることで、宅建士試験にも合格できるレベルの学力まで引き上げるようにしているのです。

　この『ゼロから宅建士 ベーシックブック③法令上の制限、税・その他』は、これまで学生への指導で得たノウハウをフルにいかし、基本からしっかり理解できるくわしい解説と、楽しくわかりやすい図表を取り入れてつくりました。初学者の方でも宅建士試験合格に必要な知識をムリなく習得してもらえる内容となっています。

　合格はあくまでもスタートラインです。将来、宅建士として活躍するうえで、試験勉強で得た知識が大きな支えとなってくれるはずです。みなさんが、この本を活用して、合格を勝ち取られることを心よりお祈り申し上げます。

2023年 11月

明海大学 不動産学部長　中城康彦

## 教えるのは

宅建士試験のスペシャリスト、たっけん先輩とまいまい先輩

**たっけん先輩**

宅建士の資格をもっている。不動産全般の知識が豊富で、なかでも建築基準法が大好き。

**まいまい先輩**

宅建士の資格をもっている。不動産取引だけでなく、民法にも詳しい。

## 教わるのは

将来立派な宅建士になるために、
勉強をはじめたばかりのカエルくんとスズメちゃん

**カエルくん**

実家の不動産屋を継ぐために、不動産学を学んでいる。宅建士を目指している。

**スズメちゃん**

住まいに興味があり不動産学を学んでいる。宅建士試験の勉強をはじめたばかり。

## ■まずは基本をしっかり学ぼう！

宅建士試験に合格するには、まず基本を理解し、問題を解く力をつけることが大切です。この本では、難しいと思われがちな法律をやさしい言葉で、そして図やイラストをたくさん用いて、目で見て理解を深められるように解説しています。知識の定着をはかるために、テーマにあわせた重要な過去問も取り入れました。カエルくんやスズメちゃんたちと一緒に、合格を目指してがんばっていきましょう！

# ゼロから宅建士ベーシックブック
# ③法令上の制限、税・その他の特徴

『ゼロから宅建士ベーシックブック』では、
初学者でも、楽しく学べるようにたくさんの工夫をしています。

これから学ぶ科目について、重要な点をガイドしています。

知っておきたい重要な知識やつまずきやすい点を、アドバイスしています。

過去問を解いて、学んだ知識をすぐに頭に入れましょう。一問一答形式だから、すぐにチャレンジできます。

---

画事業地内における制限）

…がされると、施行者の名称や都市計画事業の種類などが告
…土地の利用に対して、より厳しい制限が設けられます。

| | 事業の認可または承認の告示後 |
|---|---|
| | …事業の施行の障害となるおそれのあるもの |
| | …形質の変更 |
| | …物の建築 |
| | …工作物の建設 |
| | ④重量が5トンを超える移動が容易でない物件の設置・堆積 |
| 許可 | 都道府県知事等の許可が必要 |
| 事業決定の段階で許可を与える場合 | 事業決定の段階で知事等が許可を与える場合は、あらかじめ施行者の意見を聴かなければならない |

 **ココに注意！**

都市計画事業地内の建築物を建築する場合、非常災害のために必要な応急措置であっても許可が必要です。

 **過去問を解こう**

(平成25・問15-1)

**Q** 都市計画施設の区域又は市街地開発事業の施行区域内において建築物の建築をしようとする者であっても、当該建築行為が都市計画事業の施行として行う行為である場合には都道府県知事（市の区域内にあっては、当該市の長）の許可は不要である。

**A** ○ 「都市計画施設の区域または市街地開発事業の施行区域内」なので、計画決定の段階であるということです。都市計画施設の区域または市街地開発事業の施行区域内における建築物の建築が都市計画事業の施行として行う行為であれば、都道府県知事（市の区域内にあっては、当該市の長）の許可は不要です。

24

# 7 地区計画等

## [1] 地区計画とは

区域区分や地域地区などは、街づくりのための大枠を決めるための計画ですが、地区計画は市町村が中心となり、小規模な地区を対象として、それぞれの地区の特性にふさわしい個性ある街づくりを進め、良好な居住環境をきめ細かく整備したり、開発したり、保全したりするための計画です。

● 地区計画の例

地区計画の目的は良好な
居住環境の整備

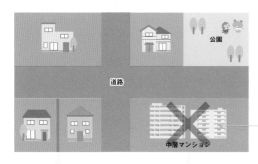

公園をつくり
緑化を進める

道路を整備して、
狭小住宅が密集し
ないようにする

建物の高さの最高限度を決める
・2階建の戸建住宅のみ建築可
・中層マンションの建設は不可など

| 地区計画の決定権者 | 市町村 |
|---|---|

地区計画は5種類
①地区計画
②防災街区整備地区計画
③歴史的風致維持向上地区計画
④沿道地区計画
⑤集落地区計画

イラストを使ったわ
かりやすい解説。
目で見て内容を理
解できます。

v

# もくじ

## 巻 頭

# 法令上の制限

# 税・その他

# めざせ！ 宅建士

立派な宅建士になりたい！　そんな思いではじめた試験勉強。

でも覚えることも多いし、難しい言葉もたくさん出てきて、とっても大変！

いったい、どうやって勉強すれば合格できるの？

ix

# 明海大学不動産学部の
# 宅建士試験の指導方針

　明海大学不動産学部では、「不動産取引演習」という講義で、1年次の約半年間で宅建士試験に合格できるレベルの指導を行っています。「不動産学部」ですから、将来の就職を見据えた、宅建士の資格取得のための講義です。カリキュラムはかなりハードで夏休み中も講義がありますし、問題演習も相当量をこなします。もちろん学生には合格を目標にがんばってもらいますが、それ以上にこの講義では、宅建士試験の勉強を通じて、専門教育の基礎となる不動産の法律などを学ぶことをねらいとしているのです。

　不動産を扱うには幅広い知識が求められます。それには、法律や経済、建築のことを総合的に理解する力が必要です。宅建士試験の出題分野を学び、理解を深めることは、将来実務をするための土台作りにもなります。ですから、学生には単に知識を暗記させるのではなく、仕事で必要になることやその理由をくわしく伝えたうえで、「活きた知識」として頭に入れてもらうようにしています。これから宅建士試験にチャレンジする人も、試験勉強を通じて「不動産のプロ」として活躍するために必要な知識を学んでいると思えば、より真剣に勉強に取り組めるようになるはずです！

　ではこれから、宅建士試験についてガイダンスしていきましょう。

なるほど！

# 試験の出題範囲

## 宅建士試験は4分野から全50問出題されます。

### 宅地建物取引業法（宅建業法）

宅地建物取引業を営むための法律である宅建業法をメインに、住宅瑕疵担保履行法から1問出題されるのが出題パターンです。

・宅建業法
・住宅瑕疵担保履行法

出題数 **20** 問

### 権利関係

売主や買主をはじめ、不動産取引にかかわる者の権利を守る民法をメインに、借地借家法などの関連法律からも出題されます。宅建士試験のなかでも難易度の高い分野です。

・民法
・借地借家法
・区分所有法
・不動産登記法

出題数 **14** 問

### 法令上の制限

土地や建物の利用について制限を設けている法律のなかから出題されます。試験では細かい数字を問われることが多い分野です。

・都市計画法
・建築基準法
・国土利用計画法
・農地法
・土地区画整理法
・宅地造成及び
　特定盛土等規制法
・その他の法令上の制限

出題数 **8** 問

### 税・その他

宅地建物の取引に関係する税金をはじめ、地価公示、不動産鑑定評価など不動産関連分野から出題されます。

・税法
　不動産取得税、固定資産税、所得税、
　印紙税、登録免許税
・その他
　地価公示、不動産鑑定評価基準
　[以下は登録講習修了者免除科目]
　住宅金融支援機構、景品表示法、
　土地・建物、統計

出題数 **8** 問

# 法令上の制限

**街づくりや住環境に関連する法律を学びます。**
**届出や許可が必要なケースを押さえ、数字を覚えよう**

都市計画法や建築基準法といった街づくりや住環境づくりに関連する法律を学ぶのがこの分野。試験では8問出題されますが、6問は正解するつもりでがんばりましょう。学習のポイントは、国や地方公共団体の許可や認可が必要なケースがどんな場合かを押さえること、建蔽率や容積率といったさまざまな数字を覚えることがメインになります。

**狙い目は国土利用計画法、農地法、**
**宅地造成及び特定盛土等規制法。**
**過去問を集中的に解いて、出題パターンをつかもう**

都市計画法や建築基準法は難しい項目もありますが、国土利用計画法、農地法、宅地造成及び特定盛土等規制法といった法律については覚える範囲も少なく、理解しやすいところです。この部分は過去問を集中的に解くことで、攻略できるはずです。

## 明海大学不動産学部ではこう教えている！

法令上の制限では、はじめに都市計画法をしっかり学習します。都市計画法では、都市部で街づくりをするために行う、土地の利用や都市施設の設置、市街地開発事業、開発許可などについてさまざまな規制を設けていて、覚えることは多岐にわたります。まずは、ここでしっかりと知識の整理を行うことが重要です。なかでも、都市を計画的に建設していくための区域である「都市計画区域」と、都市計画区域をわける区域区分の知識は、その後の建築基準法をはじめ、法令上の制限で登場する、農地法や宅地造成及び特定盛土等規制法、土地区画整理法、国土利用計画法を学習するうえで欠かせない知識となりますので、確実に理解してもらうように教えます。また、最後まで学習したあとに、都市計画法を復習すると、より分かりやすくなります。

# 法令上の制限の構成について

## ① 法令上の制限とは

土地の利用や建物の建築については、さまざまな法令によって規制されています。そのため、土地や建物を取引する際には、どんな制限がかかっているのか、あらかじめ把握しておく必要があるので、取引が成立する前に宅建士が行う、重要事項説明の項目の一つとして、「法令上の制限」が加えられています。法令上の制限としての代表的な法律には、都市計画法、建築基準法、国土利用計画法、農地法、土地区画整理法、宅地造成及び特定盛土等規制法などがあります。これらがおもに宅建士試験で出題される範囲となります。

## ② 法令上の制限の構成

法令上の制限については、土地の購入、土地の造成、建物の建築という3つのカテゴリーに法律を分けて考えると、それぞれの法律の趣旨を理解しやすくなります。

| | |
|---|---|
| 1. 土地の購入 | **国土利用計画法**<br>地価抑制と、適正な土地利用を行うことを目的としている<br><br>**農地法**<br>食糧供給源である農地を守るため、農地を取引する際の許可と制限について定めている |
| 2. 土地の造成 | **都市計画法**<br>街づくりに影響が出ないよう、一定区域の土地の造成などには、原則として、都道府県知事等の許可を受けることを定めている<br><br>**土地区画整理法**<br>狭い道路や不整形地を整備し、土地の区画、街並みを整えるための規制等を定めている<br><br>**宅地造成及び特定盛土等規制法**<br>宅地を造成する上で、がけ崩れなどの災害防止のため、必要な規制等を定めている |
| 3. 建物の建築 | **建築基準法**<br>建物を建てる際の安全を保ち、用途や高さなどを規制するために定められている |

# 税・その他

税金についてはまずは地方税を中心に勉強すること。
その他の分野は過去問の頻出項目を押さえよう

税法については、地方税（不動産取得税、固定資産税）を中心に、税を軽減するための特例も押さえましょう。そのほか、地価公示や不動産鑑定評価基準をはじめ、その他の分野については、過去問の頻出項目を中心に学習するのが、効率的。意外と得点源になる部分なので、おろそかにしないことです。

# 税・その他の構成について

## ① 不動産の税金とは

不動産の売買に、税金はついてまわります。取引の流れのなかで、どのような税金を支払うのか、押さえておきましょう。税金には国税と地方税があり、税を徴収する元（課税主体といいます）が異なります。国税の場合は国であり、地方税は都道府県などの地方公共団体です。

| 不動産の購入時、売却時 | 売買契約書作成時 | 印紙税 | 国税 |
|---|---|---|---|
| | 登記時（保存、移転、抵当権設定など） | 登録免許税 | 国税 |
| | 不動産所有権の取得 | 不動産取得税 | 地方税 |
| | 売却代金の受領 | 所得税（譲渡所得） | 国税 |
| 保有期間中 | 不動産の保有 | 固定資産税・都市計画税 | 地方税 |

## ② その他について

その他の分野については、景品表示法、住宅金融支援機構、土地・建物、統計の、5つの科目を学習します。景品表示法は広告にかかわること、住宅金融支援機構では住宅ローンに関する内容ですので、きわめて実務に近いことを学ぶ分野といえます。また、これらの科目は5問免除科目とも呼ばれ、宅建業に従事している人で、国土交通大臣の登録を受けた登録講習機関が実施する登録講習を修了すると、免除になります。

## 学習スケジュール

**大学や専門学校、資格学校などで学ぶ場合は、それぞれのカリキュラムに沿って学びますが、ここでは独学での一例をご紹介します。**

### 試験勉強の進め方

| 4月 | 5月 | 6月 | 7月 | 8月 | 9月 | 10月 |
|---|---|---|---|---|---|---|
| 出題分野をひと通り学習! | | | | 過去問で徹底補強! | 模擬試験を受けよう! | 本試験 |

10月第3日曜日

**Point**

「宅建業法」から学び始めると、宅建士の仕事内容のイメージをつかみやすくなる。分野別に過去問を解いて、出題パターンを押さえよう。

**Point**

過去問は最低でも10年分を3回は解いておこう。解けなかった問題は、どこを間違えたのかを把握してテキストを見直しておくこと。そうすれば、知識が定着しやすくなる。

**Point**

試験の緊張感を体験しておくためにも本番前にできれば1回以上、資格学校などの模擬試験を体験しておくとよい。なるべく受験人数の多い会場を選択するのがおすすめ。

---

### ＼ 読者特典! 一問一答式問題集ダウンロード ／

本書に掲載している一問一答以外にも、重要な過去問をセレクトしています。
あわせて利用すれば、より知識が頭に定着しやすくなります!
重要統計データも同サイトで公開予定です。

**ダウンロードサイトはこちら!**
https://www.jssbook.com/news/n54488.html

**パスワード**
jss63880052

こちらからも▶
アクセス
できます

※2023年12月下旬公開予定です。

# 合格までのみちのり

宅建士試験の出願から受験、合格までのみちのりを確認しておきましょう。

## 受験資格

特になし。誰でも受験できる!

年齢、学歴、国籍などの
制限はありません。

## 試験方法

四肢択一のマークシート式

全部で50問(登録講習修了者は45問)。
解答はマークシート方式です。

## スケジュール　　※日程は原則です

願書は
都道府県別 !

### 7月

**願書の配布**
(郵送申込)
配布期間は7月1日～中旬。大きな書店
でも配布しています。詳細や配布場所は、
6月上旬から一般財団法人 不動産適正
取引推進機構のホームページで告知さ
れます。

### 8月

**受験の申込み**
インターネットでは7月上旬～下旬、郵
送では7月上旬～中旬まで申込みを受け
付けています。

**受験票の送付**
10月初め頃、受験票が届きます。

### 9月

申込みは
インターネットでも
郵送でもOK

### 10月

**試験実施**
10月の第3日曜日、
13時~15時*に
試験が実施されます。

合 格

### 11月

試験時間は2時間*。
途中退出はできないので、
体調管理は万全に!

**合格者発表**
11月下旬に合格者が発表になります。

### 12月

＊登録講習修了者は、
13時10分～15時(1時間50分)

宅建士の資格試験を行うのは、一般財団法人 不動産適正取引推進機構。
試験の申込みや問い合わせもこちらへ。くわしくは、**https://www.retio.or.jp/**

# 直近の受験者データ

宅建士試験の受験者数や合格率、合格者のプロフィールを紹介します。

## 受験者数・合格者数・合格率

※令和4年度試験実施結果

合格者数 **38,525** 人

受験者数 **226,048** 人

合格率
## **17.0**%

合否判定基準
50問中36問以上正解
登録講習修了者
45問中31問以上正解

受験者数が
多いね！

## 合格者のプロフィール

不動産業に関わる人が **27.7%** で最多ですが、金融業や建設業の人もそれぞれ1割程度います。
また、そのほかの業種から受験する人も少なくありません。学生もチャレンジし、合格者が出ています。

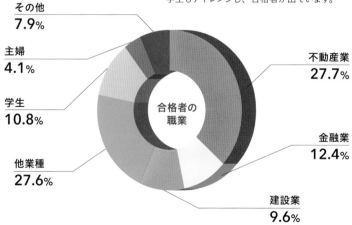

その他
**7.9**%

主婦
**4.1**%

学生
**10.8**%

他業種
**27.6**%

合格者の
職業

不動産業
**27.7**%

金融業
**12.4**%

建設業
**9.6**%

# 宅建士へのステップ

宅建士の試験に合格してから実際に仕事ができるまでのステップを紹介します。

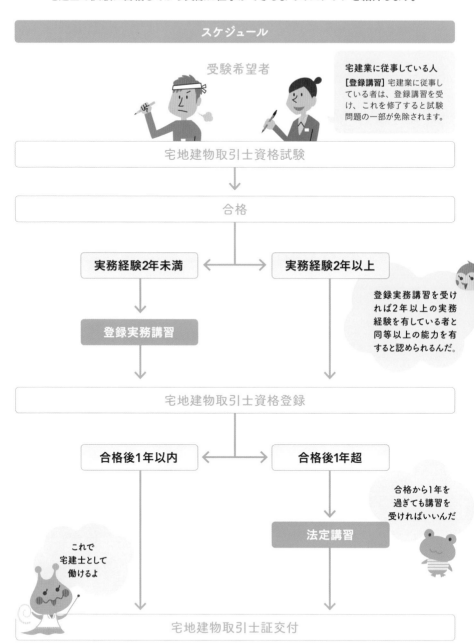

## スケジュール

受験希望者

**宅建業に従事している人**
[登録講習] 宅建業に従事している者は、登録講習を受け、これを修了すると試験問題の一部が免除されます。

宅地建物取引士資格試験

↓

合格

実務経験2年未満 ⟷ 実務経験2年以上

登録実務講習

登録実務講習を受ければ2年以上の実務経験を有している者と同等以上の能力を有すると認められるんだ。

宅地建物取引士資格登録

合格後1年以内 ⟷ 合格後1年超

法定講習

合格から1年を過ぎても講習を受ければいいんだ

これで宅建士として働けるよ

宅地建物取引士証交付

# 宅建士として活躍しよう

**合格して宅建士証を交付されたら、宅建士としてスタートできます。**

## 不動産業で

宅建士としてもっとも一般的な活躍の舞台は、やはり不動産業です。不動産業には、分譲、仲介、管理、賃貸などがあります。宅建士はとくに分譲や仲介の場面で必須。宅地や建物の売買や賃貸の仲介を行う業者は、事務所ごとに5人に1人以上の割合で宅建士を置かなくてはなりません。

| 部屋を貸す・借りる | 住宅の買い替え | 相続で土地の売却 |
|---|---|---|

## 不動産業以外でも

宅地や建物の取引は、不動産業界以外の業種が関わることがあります。どの会社でも企業活動をするための拠点（宅地や建物）を自社で持っているか、借りています。また事業を運営するうえで、土地を扱うことが少なくありません。

### 流通業
百貨店やスーパー、コンビニエンスストアなどの店舗の立地戦略にも不動産の知識は必要です。

### 金融業
銀行など金融機関では、宅地建物など不動産を担保に融資をしますので不動産の知識が必要となります。

### 公務員
国や都道府県にとって街づくりや都市計画などは重要な仕事。こうした仕事には宅建士の資格が役に立ちます。

### IT業界
企業サイトや情報サイトで不動産関連の企業や情報を扱うとき、不動産の知識が必要になる場合もあります。

宅建士の知識は
多くの業種で
役に立ちます
仕事に活かせる
資格です

ボクたちも
がんばろうね！

次から
法令上の制限の講義が
はじまるよ！

# 法令上の制限

講義編

講義1

# 都市計画法① 都市計画

都市計画法は住みよい街づくりを行うための法律です。
都市計画法ではいろいろなルールが設けられていますが、
ここではまず、計画的に街づくりを進めていくための
都市計画を中心に、具体的なプランの決め方と
都市計画を行ううえでの制限内容について学んでいきます。

# ❶ 都市計画法と都市計画

## ［1］都市計画法とは

都市計画法は、かんたんにいうと住みよい街づくりのための法律です。

## ［2］都市計画を進める流れ

都市計画を進めるための大まかなステップは次のとおりです。

**①都市計画区域を指定する**
優先的に街づくりを進める区域を定める

↓

**②都市計画を決める**
都市計画区域のなかでより細かい地域や地区を設け、そのなかでの整備計画を決定する

↓

**③都市計画を実行する**

↓

**④都市が完成する**

3

## ［3］都市計画の内容

都市計画で決められる内容は次のとおりです。

●都市計画の内容

| ①都市計画区域の整備、<br>開発および保全の方針<br>（マスタープラン） | 都市として一体的に整備、開発、保全すべき都市計画区域を対象に、都市計画の基本的な方針を定める |
|---|---|
| ②区域区分 | 都市計画区域を市街化区域と市街化調整区域に区分する |
| ③用途地域 | 全部で13種類。住居系、商業系、工業系に区分する |
| ④補助的地域地区 | 用途地域に加え、よりきめ細やかに街づくりを行うための地区を決める |
| ⑤都市施設 | 道路、公園、上下水道、学校などの公共施設を定める |
| ⑥地区計画 | それぞれの地域の特性にふさわしい街づくりをするための計画を作る |

# 2 都市計画区域

## ［1］都市計画区域とは

都市計画を行うにあたって、まず街（都市）を作るための区域を指定します。これが都市計画区域です。この都市計画区域は、次のどちらかの要件を備えた地域に指定されます。

## ❶既成都市型

市または人口・就業者数その他一定事項が政令で定める要件に該当する町村の中心市街地を含み、自然的・社会的条件および土地利用・交通量などの状況を考慮して一体の都市として総合的に整備・開発・保全する必要がある区域のこと。

### ●千葉県の都市計画区域

都市計画区域

都市計画区域は、市町村の区域外にわたり指定できます。町村の一部でも指定が可能です。

## ❷ニュータウン型

都市開発区域(首都圏・近畿圏・中部圏などの都市圏が該当)のほかに、新たに住居都市・工業都市その他の都市として開発・保全する必要がある区域のこと。

**ココに注意!**

都市計画区域外では、原則として都市計画法は適用されません。基本的に土地の利用は自由にできます。

法令上の制限

講義1 都市計画法① 都市計画

5

# ［2］都市計画区域の指定

都市計画区域の指定は、原則として都道府県が行います。複数の都府県の区域にわたって指定する場合は、国土交通大臣が行います。

## ❶1つの都道府県内の場合

| 指定する者 | 都道府県 |
|---|---|

**指定手続き**

都道府県はあらかじめ、関係市町村および都道府県都市計画審議会の意見を聴くとともに、国土交通大臣と協議をして、同意を得なければなりません。

**例）A県内の場合**

## ❷複数の都府県の場合

| 指定する者 | 国土交通大臣 |
|---|---|

**指定手続き**

国土交通大臣はあらかじめ、関係都府県の意見を聴いて指定をします。関係都府県が意見を述べようとするときは、関係市町村と都道府県都市計画審議会の意見を聴かなければなりません。

**例）A県とB県にまたがる場合**

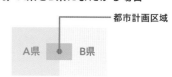

**ココに注意！**

このように、2以上の市町村の区域だけでなく、2以上の都府県の区域にまたがって都市計画区域を指定することもできます。

# 3 準都市計画区域

## [1] 準都市計画区域とは

都市計画区域外の区域は、人口も少なく、街づくりを積極的に進めて行こうという場所ではありません。そのため、都市計画法の適用外となります。だからといって何の制限もせずに放置したままでは、乱開発が行われてしまう可能性もあります。そのために、必要と認められる場合は準都市計画区域を指定して、必要な制限を設けることにしています。

**ココに注意!**

都市計画法にある条文では、準都市計画区域は「都市計画区域外の区域のうち、相当数の建築物その他の工作物の建築もしくは建設またはこれらの敷地の造成が現に行われ、または行われると見込まれる区域を含み、かつ、自然的及び社会的条件等に関する現況及び推移を勘案して、そのまま土地利用を整序し、または環境を保全するための措置を講ずることなく放置すれば、将来における一体の都市としての整備、開発及び保全に支障が生じるおそれがあると認められる一定の区域」となります。試験問題での準都市計画区域はこのように表現されます。

## [2] 準都市計画区域の指定

準都市計画区域は都市計画区域外に指定されます。

| 指定する者 | 都道府県 |

| 指定手続き |

都道府県はあらかじめ、関係市町村および都道府県都市計画審議会の意見を聴かなければなりません。

| 都市計画区域 | 準都市計画区域 |

都市計画区域外

**準都市計画区域の指定**
都市計画区域外の高速道路のインターチェンジや幹線道路の沿道付近で、大規模な商業施設(パチンコ店など)の建設が進んでしまうこともあります。そこで、周辺の市町村の土地利用や景観が損なわれないようにするために、準都市計画区域として必要な区域を指定し、土地の利用を規制していきます。

# ［3］準都市計画区域と都市計画

準都市計画区域には、区域区分（市街化区域・市街化調整区域の区分）は定めることはできません。地域地区のうちでも定めることができるのは、次の8種類に限定されます。地域地区については、あとで詳しく学びます（p12参照）。

> **準都市計画区域に定めることができる都市計画(地域地区)**
> ①用途地域
> ②特別用途地区
> ③特定用途制限地域
> ④高度地区
> ⑤景観地区
> ⑥風致地区
> ⑦緑地保全地域
> ⑧伝統的建造物群保存地区

## 過去問を解こう

（平成27・問16-2）

**Q** 準都市計画区域について無秩序な市街化を防止し、計画的な市街化を図るため必要があるときは、都市計画に、区域区分を定めることができる。

**A** ✕ 都市計画区域内では、区域区分（市街化区域と市街化調整区域の区分）を定めることができますが、準都市計画区域で区域区分は定められません。

# 4 区域区分（市街化区域・市街化調整区域）

## ［1］区域区分とは

無秩序な市街化を防止し、計画的な市街化を図るために必要があるときは、都市計画区域を市街化区域と市街化調整区域に区分できます。これが区域区分です。区域区分は必ずしも定めなければならない、というものではありません。また、区域区分を定めない都市計画区域は、非線引き都市計画区域と呼ばれます。

| 市街化区域 | ①すでに市街地を形成している区域<br>②おおむね10年以内に優先的かつ計画的に市街化を図るべき区域 |
| --- | --- |
| 市街化調整区域 | 市街化を抑制すべき区域 |
| 非線引き都市計画区域 | 区域区分を定めない都市計画区域 |
| 指定する者 | 区分の必要があるときは都道府県 |

**●必ず区域区分を定めなければならない地域**

次の都市計画区域については、都道府県は必ず区域区分を定めなければなりません。

> **必ず区域区分を定める都市計画区域⇒ 大都市圏が該当**
> ①首都圏の既成市街地・近郊整備地帯、近畿圏の既成市区域・近郊整備区域または中
> 　部圏の都市整備区域の全部または一部を含む都市計画区域
> ②指定都市の全部または一部を含む都市計画区域(その区域内の人口が50万未満であるものは除く)

**ココに注意!**

「区域区分を定める」とは、市街化区域と市街化調整区域のいずれかに区
分することをいいます。

# [2] 日本の区域は5つ

ここまで、都市計画区域の中に①市街化区域と②市街化調整区域、そして③非線引
き都市計画区域、そのほかに④準都市計画区域があることを見てきました。それ以
外にも、⑤都市計画区域外・準都市計画区域外となる区域があります。つまり、日
本は全部で5つの区域に分類されているのです。

**●日本の区域は5つ**

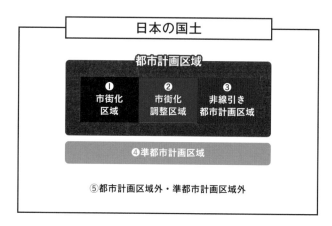

**ココに注意！**

市街化調整区域は、市街化を抑制しているだけであって、禁止はしていません。

**過去問を解こう** ／ 　　　　　　　　　　　　　　　　　（平成22・問16-1）

 市街化区域については、少なくとも用途地域を定めるものとし、市街化調整区域については、原則として用途地域を定めないものとされている。

 　*A* ○　市街化区域は優先的かつ計画的に市街化を進めていく区域です。その区域ごとの用途を決めて、より住みやすい街づくりをするために、市街化区域内には少なくとも用途地域を定める必要があります。一方で、市街化調整区域は市街化を抑制する区域なので、原則として用途地域は定めません。

# 5 地域地区

## [1] 地域地区とは

地域地区は、市街化区域内の土地を細かく分類し、その地域を住宅地、商業地、工業地など用途ごとに定めた用途地域と、そのほか、さらに地域の特性を生かすために定めた補助的地域地区の2つに分けられます。

## [2] 用途地域

### ❶用途地域の種類

用途地域は全部で13種類あり、大きく分類すると住居系、商業系、工業系の3つになります。**用途地域を指定する者は市町村です。**用途地域内では、地域に応じた建物の用途や、建蔽率や容積率など建築基準法のルールが適用されます。

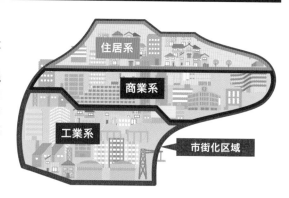

●用途地域の種類

①第一種低層住居専用地域　一低専

低層住宅に係る良好な住居の環境を保護するために定める地域

**イメージ** 戸建住宅が建ち並ぶ、閑静な住宅街

住居系

## ②第二種低層住居専用地域 　二低専

主として低層住宅に係る良好な住居の環境を保護するために定める地域

**イメージ** コンビニエンスストアのある住宅街

## ③田園住居地域 　田園住居

農業の利便の増進を図りつつ、これと調和した低層住居に係る良好な住居の環境を保護するために定める地域

**イメージ** 農家住宅のほか農産物の生産、集荷、処理、貯蔵に供する施設や農業資材の貯蔵に供する施設のある地域

## ④第一種中高層住居専用地域 　一中高

中高層住宅に係る良好な住居の環境を保護するために定める地域

**イメージ** 中規模のマンション（4階建て以上）や病院などのある地域

## ⑤第二種中高層住居専用地域 　二中高

主として中高層住宅に係る良好な住居の環境を保護するために定める地域

**イメージ** マンションや小規模スーパー、ファミリーレストランなどのある地域

| | | |
|---|---|---|
| ⑥第一種住居地域　　　　　　　　　一住居 |  | 住居の環境を保護するために定める地域<br>**イメージ** 事務所や小さい店舗(たとえば、昔ながらの喫茶店)などが建ち並ぶ住宅街 |
| ⑦第二種住居地域　　　　　　　　　二住居 |  | **主として**住居の環境を保護するために定める地域<br>**イメージ** 住宅以外に大規模店舗、ホテル、パチンコ店などのある地域 |
| ⑧準住居地域　　　　　　　　　　準住居 |  | 道路の沿道としての地域の特性にふさわしい業務の利便の増進を図りつつ、これと調和した住居の環境を保護するために定める地域<br>**イメージ** 住宅以外に、自動車関連店舗のある幹線道路沿いの住宅街 |
| ⑨近隣商業地域　　　　　　　　近隣商業 |  | 近隣の住宅地の住民に対する日用品の供給を行うことを主たる内容とする商業その他の業務の利便を増進するために定める地域<br>**イメージ** 住宅と商店街のある地域 |

住居系

商業系

## ⑩商業地域 　商業

主として商業その他の業務の利便を増進するために定める地域

**イメージ** 駅前のショッピングビルやデパート、映画館などのある地域

## ⑪準工業地域 　準工業

主として環境の悪化をもたらすおそれのない工業の利便を増進するために定める地域

**イメージ** 町工場のある地域

## ⑫工業地域 　工業

主として工業の利便を増進するために定める地域

**イメージ** 工業団地のある地域

## ⑬工業専用地域 　工業専用

工業の利便を増進するために定める地域

**イメージ** 石油コンビナートなど、工場のみの地域

商業系

工業系

## ❷用途地域を定める区域

**市街化区域には、必ず用途地域を定めるものとし、市街化調整区域には、原則として用途地域を定めません。**市街化調整区域に、絶対に用途地域が定められないわけではなく、あくまでも「原則として」定めないということです。なお、非線引き都市計画区域、準都市計画区域には、必要に応じて用途地域を定めることができます。

| | |
|---|---|
| **市街化区域** | 必ず用途地域を定める |
| **市街化調整区域** | 原則として用途地域を定めない |
| **非線引き都市計画区域** | 必要に応じて用途地域を定めることができる |
| **準都市計画区域** | 必要に応じて用途地域を定めることができる |

## ❸用途地域において都市計画に定める事項

用途地域内では、建物の用途をはじめ、建蔽率や容積率など建築基準法でのルールが適用されます。こうした規制を定めることによって、その地域にふさわしい街並みを作り上げていくのです。

| 用途地域 | 必ず定める事項 | 必要に応じて定める事項 |
|---|---|---|
| 第一種低層住居専用地域<br>第二種低層住居専用地域<br>田園住居地域 | ①建蔽率<br>②容積率<br>③建築物の高さ制限 | ①建築物の敷地面積の最低限度<br>②外壁の後退距離 |
| 商業地域 | 容積率<br>（建蔽率は80％と決められている） | 建築物の敷地面積の最低限度 |
| その他の用途地域 | ①建蔽率<br>②容積率 | 建築物の敷地面積の最低限度 |

☆各事項については、**講義3の「建築基準法」**（p50〜参照）で詳しく学びます。

# ［3］補助的地域地区

用途地域のほか、さらに地域の特性を生かし、きめ細やかな街づくりを行っていくために、補助的地域地区が指定されます。

●用途地域内のみに定めることができる

| 地区名 | 内容 | 準都市計画区域での指定 |
|---|---|---|
| 特別用途地区 | **用途地域内の**一定の地区において当該地区の特性にふさわしい土地利用の増進、環境の保護等特別の目的の実現を図るため**当該用途地域の指定を補完して定める地区**<br>**例）**学校のある地域周辺を文教地区に指定して、その地区内の風俗営業を禁止するなど | ○ |
| 高度地区 | **用途地域内**において市街地の環境を維持し、または土地利用の増進を図るため、**建築物の高さの最高限度または最低限度を定める地区**<br>☆高度地区の「高度」は、「高さ」のこと | ○ |
| 高度利用地区 | **用途地域内の**市街地における土地の合理的かつ健全な高度利用と都市機能の更新とを図るため、**建築物の容積率の最高限度および最低限度、建蔽率の最高限度、建築面積の最低限度や壁面の位置の制限を定める地区**<br>☆高度利用地区の「高度」は、「高さ」ではなく、高層ビルなどの建物を建てて、レベルの高い土地活用（高度な利用）をしようという意味合いのこと | × |

| | | |
|---|---|---|
| 高層住居誘導地区 | 住居と住居以外の用途を適正に配分し、利便性の高い高層住宅の建設を誘導するため、第一種住居地域、第二種住居地域、準住居地域、近隣商業地域または準工業地域でこれらの地域に関する都市計画において、建築物の容積率が400%、500%の地域で、建築物の容積率の最高限度、建蔽率（けんぺいりつ）の最高限度および建築物の敷地面積の最低限度を定める地区<br><br>☆高層住居と商業施設が建ち並ぶように定められる。第一種・第二種中高層住居専用地域には定めることはできない | × |
| 特例容積率適用地区 | 第一種中高層住居専用地域、第二種中高層住居専用地域、第一種住居地域、第二種住居地域、準住居地域、近隣商業地域、商業地域、準工業地域または工業地域内の適正な配置および規模の公共施設を備えた土地の区域において、**未利用となっている建築物の容積の活用を促進して土地の高度利用を図るために定める地区**<br><br>☆公園などの公共施設の土地のあまった容積率を移転して、他の敷地に高層ビルを建築することができるようにする地区<br>**例）**東京駅 | × |

**ココに注意！**

準都市計画区域では、定められる地域地区は限定されます。都市計画に高度地区を定めることはできますが（建築物の高さの最高限度のみ）、高度利用地区を定めることはできません。

●用途地域内外を問わず定めることができる

| 地区名 | 内容 | 準都市計画区域での指定 |
|---|---|---|
| 特定街区 | 市街地の整備改善を図るため街区の整備または造成が行われる地区について、その街区内における建築物の容積率ならびに建築物の高さの最高限度および壁面の位置の制限を定める街区<br>**例）**東京都・西新宿副都心ビル街など | × |
| 防火地域・準防火地域 | 市街地における火災の危険を防除するために定める地域 | × |
| 景観地区 | 市街地の良好な景観の形成を図るために定める地区 | ○ |
| 風致地区 | 都市の風致を維持するため定める地区。建築物の建築、宅地の造成、木竹の伐採等の行為については、政令で定める基準に従い、地方公共団体の条例で、都市の風致を維持するために必要な規制をすることができる | ○ |

●用途地域外のみに定めることができる

| 地区名 | 内容 | 準都市計画区域での指定 |
|---|---|---|
| 特定用途制限地域 | **用途地域が定められていない土地の区域（市街化調整区域を除く）**内において、その良好な環境の形成または保持のため当該地域の特性に応じて合理的な土地利用が行われるよう、**制限すべき特定の建築物の概要を定める地域**<br>☆非線引き都市計画区域や準都市計画区域で用途地域が定められていない区域には、建築物の用途制限がないため、特定の用途を制限するために指定する | ○ |

## 過去問を解こう

### 過去問 ①

（平成28・問16-3）

**Q** 高度利用地区は、用途地域内において市街地の環境を維持し、又は土地利用の増進を図るため、建築物の高さの最高限度又は最低限度を定める地区である。

**A** ✗ この問題文は高度地区に関する内容です。高度利用地区の「高度」とは、土地の「高度な利用」を意味し、建築物の高さのことを指しているわけではありません。高度利用地区は、用途地域内において、土地の高度な利用のために、容積率の最高限度および最低限度、建蔽率の最高限度などの制限を定めます。

### 過去問 ②

（令和4・問15-2）

**Q** 準都市計画区域については、都市計画に、特別用途地区を定めることができる。

**A** ○ 特別用途地区は用途地域の定められている区域内であれば、準都市計画区域内でも定めることができます。

20

# **6** 都市施設

## ［1］都市施設

都市計画区域においては、道路や公園、水道、電気、ガス供給施設など、都市での生活に必要な施設、つまり都市施設を定めることができます。**特に必要があるときは、都市計画区域外にも、都市施設を定めることが可能です。**

### 都市施設の例
①道路、都市高速鉄道、駐車場などの交通施設
②公園、緑地、広場、墓園などの公共空地
③水道、電気、ガス供給施設、下水道、汚物処理場、ごみ焼却場や処理施設
④河川、運河などの水路
⑤学校、図書館などの教育文化施設
⑥病院、保育所などの医療施設または社会福祉施設　など

### ●必ず定めなければならない都市施設

| 市街化区域<br>非線引き都市計画区域 | 道路、公園、下水道を必ず定める |
|---|---|
| 住居系用途地域 | 義務教育施設を必ず定める |

☆特に必要があるときは、都市計画区域外に定めることができます。

### ＼ 過去問を解こう ／

(平成14・問17-2)

 **Q** 都市計画は、都市計画区域内において定められるものであるが、道路や公園などの都市施設については、特に必要があるときは当該都市計画区域外においても定めることができる。

  **A**  **〇** 都市計画道路など、都市施設は、必要であれば都市計画区域外でも定められます。道路は外にもつながるからです。

法令上の制限

講義1　都市計画法①　都市計画

# ［2］都市計画制限

## ❶都市計画制限とは

都市計画施設とは、道路や公園、学校など、都市計画で具体的に決められた都市施設のことです。一方、市街地開発事業とは、市街化区域、非線引き都市計画区域内において土地の区画整理や市街地の再開発を行う事業のことです。市街化区域や非線引き都市計画区域内で建物が建築されてしまうと、都市施設の建設、市街地開発事業に支障の出るおそれがあります。そこで、都市計画法では都市計画施設や市街地開発事業が計画された区域内での建築行為について、一定の制限を設けています。これが都市計画制限です。なお、都市計画制限については、計画決定の段階（都市計画施設の区域または市街地開発事業の施行区域内の制限）と事業決定後（都市計画事業地内の制限）に分けて定められています。

### ●都市計画施設と市街地開発事業

| 都市計画施設 | 都市計画で定められた都市施設<br>例）公園、学校、交通施設、水道、ガス供給施設など |
|---|---|
| 市街地開発事業 | 市街化区域、非線引き都市計画区域内で住宅団地などを一体的に開発・整備していく事業<br>例）土地区画整理事業、市街地再開発事業など |

### ●都市計画制限は2種類

| 都市計画の決定段階 | 都市計画施設の区域または市街地開発事業の施行区域内の制限 |
|---|---|

⬇ 事業決定後で制限の内容が変わる

| 都市計画事業の決定後 | 都市計画事業地内の制限 |
|---|---|

**ココに注意！**

大規模な都市計画施設や一定の市街地開発事業においては、都市計画で予定区域を定めて準備しておくことができます。

## ❷都市計画の決定段階の制限
### （都市計画施設の区域または市街地開発事業の施行区域内の制限）

この段階では、まだ事業内容などが大まかに計画されているだけなので、設けられている制限は比較的ゆるやかです。

### ●都市計画の決定段階の制限

| 時期 | 都市計画の決定の告示後 |
|---|---|
| 制限される行為 | **原則** 施行予定者が定められていない場合<br>都市計画施設の区域または市街地開発事業の施行区域内における建築物の建築<br><br>☆土地の形質の変更は含まれません。<br><br>●施行予定者が定められている場合は次の行為が制限される<br>①土地の形質の変更<br>②建築物の建築<br>③その他工作物の建設<br><br>**例外** 次の場合は許可不要<br>①一定の軽易な行為<br>②非常災害のために必要な応急措置として行う行為<br>③都市計画事業の施行として行う行為またはこれに準ずる行為 |
| 許可 | **原則** 都道府県知事（市の区域内であれば市長）の許可が必要<br>国が行う行為については、国の機関と都道府県知事等の協議の成立をもって許可とみなす |

**許可基準**

都道府県知事等は、建築許可の申請があった場合は、次の許可基準のいずれかに該当するときは、許可をしなければなりません。なお、あくまでも許可基準であり、許可が不要ということではありません。
①その建築が都市計画施設または市街地開発事業に関する都市計画のうち建築物について定めるものに適合するもの
②建築物の主要構造部が木造や鉄骨造などで階数が2以下（2階建て）で地階を有しないもの。また、容易に移転や除却ができるもの

**ココに注意！**

都市計画施設等の区域内でも木造や鉄骨造で地階を有しない2階建てであれば許可が下りるのは、すぐに取壊しが可能だから、という理由からです。

### ❸事業決定後の制限（都市計画事業地内における制限）

都市計画事業の認可または承認がされると、施行者の名称や都市計画事業の種類などが告示されます。**事業決定されると、土地の利用に対して、より厳しい制限が設けられます。**

●都市計画事業の決定後の制限

| 時期 | 都市計画事業の認可または承認の告示後 |
|---|---|
| 制限される行為 | 都市計画事業の施行の障害となるおそれのあるもの<br>①土地の形質の変更<br>②建築物の建築<br>③その他工作物の建設<br>または<br>④重量が5トンを超える移動が容易でない物件の設置・堆積 |
| 許可 | 都道府県知事等の許可が必要<br>国が行う行為については、国の機関と都道府県知事等の協議の成立をもって許可とみなす |
| 事業決定の段階で許可を与える場合 | 事業決定の段階で知事等が許可を与える場合は、あらかじめ施行者の意見を聴かなければならない |

 ココに注意！

 都市計画事業地内の建築物を建築する場合、非常災害のために必要な応急措置であっても許可が必要です。

### ＼過去問を解こう／

（平成25・問15-1）

**Q** 都市計画施設の区域又は市街地開発事業の施行区域内において建築物の建築をしようとする者であっても、当該建築行為が都市計画事業の施行として行う行為である場合には都道府県知事（市の区域内にあっては、当該市の長）の許可は不要である。

 **A** **○** 「都市計画施設の区域または市街地開発事業の施行区域内」なので、計画決定の段階であるということです。都市計画施設の区域または市街地開発事業の施行区域内における建築物の建築が都市計画事業の施行として行う行為であれば、都道府県知事（市の区域内にあっては、当該市の長）の許可は不要です。

# 7 地区計画等

## [1] 地区計画とは

区域区分や地域地区などは、街づくりのための大枠を決めるための計画ですが、地区計画は市町村が中心となり、小規模な地区を対象として、それぞれの地区の特性にふさわしい個性ある街づくりを進め、良好な居住環境をきめ細かく整備したり、開発したり、保全したりするための計画です。

●地区計画の例

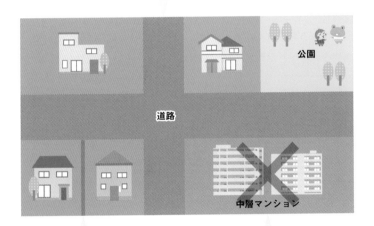

地区計画の目的は良好な
居住環境の整備

公園

公園をつくり
緑化を進める

道路

中層マンション

道路を整備して、
狭小住宅が密集し
ないようにする

建物の高さの最高限度を決める
・2階建の戸建住宅のみ建築可
・中層マンションの建設は不可など

| 地区計画の決定権者 | 市町村 |

**地区計画は5種類**
①地区計画
②防災街区整備地区計画
③歴史的風致維持向上地区計画
④沿道地区計画
⑤集落地区計画

# ［2］地区計画の指定

地区計画は、用途地域が定められている土地の区域であればどこでも、また用途地域が定められていない土地の区域でも、一定の条件に該当している区域であれば、定めることが可能です。

● 地区計画を定めることができる地域

**①用途地域が定められている土地の区域**

**②用途地域が定められていない土地の区域で該当するもの**

(1) 住宅市街地の開発や整備に関する事業が行われる、または行われた土地の区域
(2) 建築物の建築またはその敷地の造成が無秩序に行われたり、行われると見込まれる一定の土地の区域で、公共施設の整備の状況や土地利用の動向などからみて不良な街区の環境が形成されるおそれがあるもの
(3) 良好な居住環境やその他優れた街区の環境が形成されている土地の区域

**ココに注意！**

地区計画は、市街化調整区域と非線引き都市計画区域でも定められます。なお、都市計画区域外では定めることはできません。

# ［3］地区整備計画

地区計画に対しての具体的な街づくりのプランのことを地区整備計画といいます。地区整備計画では、地区計画等の種類、名称、位置、区域などのほか、次の事項を定めます。具体的に道路の配置を決めたり、建物の用途制限などの規制を設けるなどして、街づくりを進めていきます。

地区整備計画で定める内容
①地区施設（道路・公園・緑地・広場など）
　の配置および規模
②建築物等の用途の制限
③容積率の最高限度または最低限度
④建蔽率の最高限度
⑤建築物の敷地面積または建築面積の最
　低限度
⑥壁面の位置の制限
⑦建築物等の高さの最高限度または
　最低限度　　　　　　　　　　　など

**ココに注意！**

市街化調整区域内に定める地区整備計画では、③の容積率の最低限度、⑤の
建築物の建築面積の最低限度、⑦の建築物等の高さの最低限度については定
めることができません。市街化区域と違って、市街化を抑制する区域だからです。

## ［4］地区計画の区域内の建築制限と届出

地区計画の区域内（地区整備計画が定められている区域等）において、土地の区画
形質の変更や建築物の建築、工作物の建設などをしようとする者は、**行為に着手す
る日の30日前までに市町村長に、届け出**なければなりません。ただし、届出不要
の場合もあります。

☆地区計画が定められている区域等の「等」とは、「再開発等促進区もしくは開発整備促進区で一定のもの」の
　ことです。

届出不要の場合
①通常の管理行為、軽易な行為
②非常災害のために必要な応急措置
③国または地方公共団体が行う行為
④開発許可が必要な行為
⑤都市計画事業の施行による行為

●地区計画の区域内（地区整備計画が定められている区域等）の建築制限と届出

地区計画の区域内に
おいて右の3つの行為
を行おうとする者は

①土地の区画形質の変更
②建築物の建築
③工作物の建設

原則として行為に着手する日の30日前まで
に市町村長に届け出なければなりません

## ［5］勧告

市町村長は、届出があった場合において、届出の行為が地区計画にふさわしくないと認めるときは、その届出をした者に対し、設計の変更やその他の必要な措置をとるように勧告することができます。

**ココに注意！**

勧告とは、あくまで「設計のプランを変更したほうが良いのでは」と措置をとるよう勧めることで、指示や命令とは異なります。

## ［6］再開発等促進区と開発整備促進区

一定の条件に該当する区域においては、地区計画の一種として、再開発や開発整備を促進するための区域を都市計画に定めることができます。

| 再開発等促進区 | 土地の合理的かつ健全な高度利用と都市機能の増進とを図るため、一体的かつ総合的な市街地の再開発または開発整備を実施すべき区域<br><br>**定めるための条件**<br>**用途地域が定められている土地の区域であること** |
|---|---|
| 開発整備促進区 | 劇場、店舗、飲食店その他これらに類する用途に供する大規模な建築物（特定大規模建築物）の整備による商業その他の業務の利便の増進を図るため、一体的かつ総合的な市街地の開発整備を実施すべき区域<br><br>**定めるための条件**<br>**第二種住居地域、準住居地域もしくは工業地域が定められている土地の区域または用途地域が定められていない土地の区域**（市街化調整区域を除く）**であること** |

＼過去問を解こう／

(平成24・問16-4)

**Q** 地区計画の区域のうち地区整備計画が定められている区域内において、建築物の建築等の行為を行った者は、一定の行為を除き、当該行為の完了した日から30日以内に、行為の種類、場所等を市町村長に届け出なければならない。

   地区計画の区域のうち地区整備計画が定められている区域内では、原則として建築物の建築等の行為に着手する日の30日前までに市町村長に届け出なければなりません。完了した日から30日以内ではありません。

# 8 都市計画の決定

## ［1］都市計画の決定権者

都市計画を決定するのは、基本的には市町村です。市町村の区域を超えた広域的な都市計画については、都道府県が定めます。2以上の都府県の区域にわたる都市計画については、国土交通大臣および市町村が決定します。

### 都市計画の決定権者

| 原則 | 都道府県および市町村 |
| --- | --- |
| 例外 | 2以上の都府県の区域にわたる都市計画区域に係るものは、国土交通大臣および市町村 |

●都市計画の内容と決定権者

| 都市計画 | 決定権者 |
|---|---|
| ①都市計画区域の整備、開発および保全の方針<br>（マスタープラン） | 都道府県 |
| ②区域区分（市街化区域および市街化調整区域） | 都道府県 |
| ③用途地域 | 市町村 |
| ④補助的地域地区（都市再生特別地区、臨港地区、歴史的風土特別保存地区、一定の緑地保全地域、一定の特別緑地保全地区、流通業務地区等を除く） | 市町村<br>☆かっこ内は都道府県。風致地区は例外的に都道府県が決定する場合もある |
| ⑤市街地開発事業 | 原則：都道府県<br>☆小規模であれば市町村が決定する |
| ⑥市街地開発事業等予定区域 | 都道府県 |
| ⑦地区計画等 | 市町村 |

ココに注意！

2以上の都府県の区域にわたる都市計画区域の場合は、国土交通大臣および市町村が決めます。

## ［2］都市計画の決定手続き

都市計画の決定手続きは、決定権者が都道府県の場合と市町村の場合で手順が少し異なります。基本的に、次の3つは都市計画の決定手続きにおける重要なポイントです。覚えておきましょう。

**都市計画の決定手続きの3つのポイント**
①都市計画の案の作成時に、**必要があれば公聴会を開催する**などして、住民の意見を反映させる
②都市計画の案は公告する。公告の日から**2週間公衆の縦覧**に供する
③住民等は、原案の縦覧期間内に意見書を提出できる

 **ココに注意！**

 市町村が都市計画を決定するときには、原則として、あらかじめ、都道府県知事と協議しなければなりません。

### 過去問を解こう

（平成24・問16-3）

**Q** 市町村は、都市計画を決定しようとするときは、あらかじめ、都道府県知事に協議し、その同意を得なければならない。

 **A** ✗ 市町村が都市計画を決定するにあたっては、あらかじめ知事との協議が必要ですが、同意は不要です。

●都市計画の決定手続き

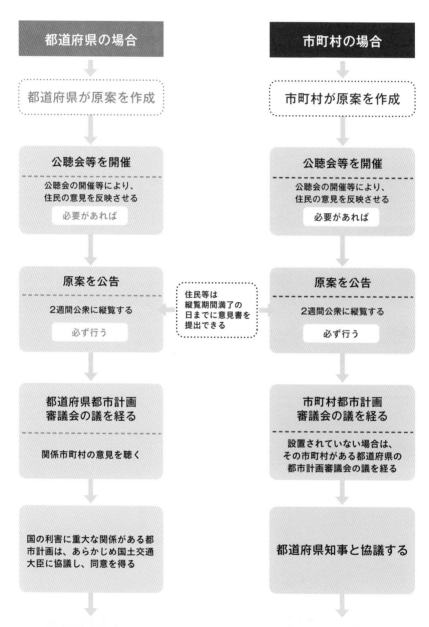

| 都道府県の場合 | 市町村の場合 |
|---|---|
| 都道府県が原案を作成 | 市町村が原案を作成 |
| 公聴会等を開催<br>公聴会の開催等により、住民の意見を反映させる<br>必要があれば | 公聴会等を開催<br>公聴会の開催等により、住民の意見を反映させる<br>必要があれば |
| 原案を公告<br>2週間公衆に縦覧する<br>必ず行う | 原案を公告<br>2週間公衆に縦覧する<br>必ず行う |
| 都道府県都市計画審議会の議を経る<br>関係市町村の意見を聴く | 市町村都市計画審議会の議を経る<br>設置されていない場合は、その市町村がある都道府県の都市計画審議会の議を経る |
| 国の利害に重大な関係がある都市計画は、あらかじめ国土交通大臣に協議し、同意を得る | 都道府県知事と協議する |

住民等は縦覧期間満了の日までに意見書を提出できる

都市計画決定・告示 ➡ 告示のあった日から効力が生じる

# [3] 都市計画の抵触

もし、市町村の定めた都市計画が、都道府県が定めた都市計画と抵触したら、都道府県が定めた都市計画が優先することになります。

**都道府県が優先**

都道府県　＞　市町村

\ 過去問を解こう /

（平成27・問16-4）

**Q** 市町村が定めた都市計画が、都道府県が定めた都市計画と抵触するときは、その限りにおいて、市町村が定めた都市計画が優先する。

   市町村が定めた都市計画と都道府県が定めた都市計画が抵触したら、都道府県が定めた都市計画が優先します。

# [4] 都市計画の決定・変更を提案できる者

土地所有者等（その土地の所有者や借地権者）や都市再生機構などは、都道府県または市町村に対して、都市計画区域または準都市計画区域の一定の面積以上の土地の区域について、**土地所有者等の3分の2以上の同意**を得ることによって、都市計画の決定または変更をすることを提案できます。

**都市計画の決定・変更を提案できる者**
①土地所有者等（その土地の所有者や借地権者）
②まちづくりの推進を図る活動を目的として設立された特定非営利活動法人（NPO）
③都市再生機構、地方住宅供給公社
　⇒以上の者はその土地の区域内の土地所有者等の3分の2以上の同意を得れば、都市計画の決定または変更の提案が可能です。

講義2

# 都市計画法②
# 開発許可

都市計画法で住みよい街づくりを進めていくにあたり、
土地の区画形質の変更(開発行為)につき制限を加えています。
開発行為を行うには、開発許可が必要です。
開発行為にあたるものはなにか、誰の許可が必要なのかを
きちんと押さえておきましょう。試験でも問われるところです。

# 1 開発行為

## [1] 開発行為とは

開発行為とは、建築物や特定工作物を作るために土地の区画形質を変更(造成工事など)することをいいます。つまり、宅地化するための造成工事のことです。この開発行為を行うには、都道府県知事の許可が必要となります。無秩序な市街化を防止するとともに、粗悪な宅地造成化を防ぐためです。

### ❶開発許可が必要な開発行為

| 許可する者 | 都道府県知事 |
| --- | --- |

（指定都市、中核市、施行時特例市においては、各市長。以下、都道府県知事と表記）

①建築物の建築
②特定工作物の建設　の用に供する目的で行う土地の区画形質の変更

①**建築物の建築とは**⇒新築や増築、改築、移転などをいいます。

②**特定工作物とは**⇒次のいずれかに該当するものです。

| 第一種特定工作物 |
| --- |

**周辺地域の環境の悪化をもたらすおそれのある工作物**

コンクリートプラント、アスファルトプラント、
クラッシャープラントなど
☆プラントとは工場設備のことです。

| 第二種特定工作物 |
| --- |

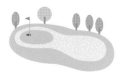

**大規模な工作物**

①ゴルフコース(面積の大きさに関係ない)
②1ha(10,000㎡)以上の野球場、庭球場、陸上競技場、遊園地、動物園、墓園など

**ココに注意！**

5,000㎡のミニゴルフコースの建設であっても第二種特定工作物扱いとなるので、開発行為にあたります。

## ❷開発行為に該当しない例

土地の区画形質の変更をする場合でも、建築物の建築、特定工作物の建設の目的外であれば、開発行為には該当しません。

> **開発行為に該当しない例**
> ・8,000㎡のテニスコートを目的とした開発行為
> 　⇒1ha以上のテニスコートではないので、開発行為に該当しません。
> ・青空駐車場を目的とした開発行為
> 　⇒建物を建築せずに駐車場として利用するなら、開発行為に該当しません。

## ❸土地の区画形質の変更

土地の区画形質の変更とは、土地の形状や性質を変えていくことです。

> ①区画の変更⇒道路の新設などによる区画の変更
> ②形状の変更⇒斜面をならして宅地化する
> ③性質の変更⇒農地や山林を宅地化する
> 　（造成工事は必ずしも必要ではない）

⇒

> 市街地の環境の保全、災害の防止、利便の増進を図るため、都道府県知事等の許可（チェック）が必要

●土地の区画形質の変更

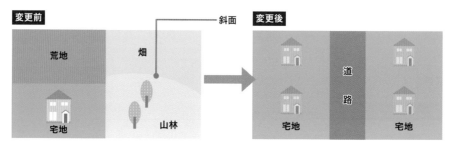

>  開発行為とは、主として建築物の建築の用に供する目的で行う土地の区画形質の変更を指し、特定工作物の建設の用に供する目的で行う土地の区画形質の変更は開発行為には該当しない。

  ✕ 開発行為は建築物の建築だけでなく、特定工作物の建設の用に供する目的で行う土地の区画形質の変更も該当します。

# 2 許可不要な開発行為

## [1] 許可不要な開発行為

開発行為をしようとする者は、原則として都道府県知事の許可を受ける必要がありますが、次の3つについては、許可が不要な開発行為となります。

### ❶小規模な開発行為

一定面積未満の開発行為は許可不要です。ただし、市街化調整区域において行う開発は、開発を促進する区域ではないので、小規模でも許可が必要です。

### ❷農林漁業系の開発行為

市街化区域以外であれば、農林漁業用の建物の建築目的の開発行為は許可不要です。市街化区域は農林漁業用の建物を優遇する必要はないので、他の建物の場合と同様に一定面積以上の開発行為であれば許可が必要です。

### ❸公益目的の開発行為、その他

**図書館や公民館など公益的な建物の建築目的であれば、地域・面積に関係なく許可不要**です。ただし、学校や医療施設、福祉施設などの建設は、この「公益目的の開発行為」に該当しないので、規模によっては開発許可が必要となります。

●許可不要な開発行為

| | 都市計画区域内 | | | 都市計画区域外 | |
| --- | --- | --- | --- | --- | --- |
| | 市街化区域 | 市街化調整区域 | 非線引き都市計画区域 | 準都市計画区域 | その他 |
| ❶ 小規模開発 | 原則として1,000㎡未満のもの(☆1) | 面積要件なし(☆2) | 原則として3,000㎡未満のもの(☆3) | | 原則として1ha(10,000㎡)未満のもの |
| ❷ 農林漁業系 | 原則として1,000㎡未満のもの(☆4) | 次の行為は許可不要<br>・農林漁業の用に供する建築物(温室、サイロ、倉庫、畜舎など)の建築の目的で行うもの<br>・農林漁業を営む者の居住の用に供する建築物の建築の目的で行うもの | | | |
| ❸ 公益上必要な開発行為、その他 | ①駅舎その他の鉄道の施設、図書館、公民館、変電所など公益上必要な建築物の建築の目的で行うもの<br>②都市計画事業、土地区画整理事業、市街地再開発事業などの施行として行うもの<br>③公有水面埋立法の免許を受けた埋立地で竣工認可の告示前に行うもの<br>④非常災害のために応急措置として行うもの<br>⑤通常の管理行為、軽易な行為など(仮設建築物や車庫等の建築など) | | | | |

☆1 必要な場合には、都道府県(指定都市等の区域では指定都市等)の条例で、300㎡以上1,000㎡未満の範囲で、別に規模を定めることができます。なお、三大都市圏の一定の区域においては、500㎡以上から許可が必要とされています。

☆2 面積が小さくても許可不要とはなりません。

☆3 必要な場合には、都道府県(指定都市等の区域内では、指定都市等)の条例で、300㎡以上3,000㎡未満の範囲内で、別に規模を定めることができます。

☆4 1,000㎡未満なら農林漁業の用に供する建築物の建築を行うものは許可不要です。1,000㎡以上は許可が必要となります。

**ココに注意!**

上の「許可不要な開発行為」の表は、開発許可のなかでも最も重要な項目です。講義1「都市計画法①都市計画」(P2〜参照)で学んだそれぞれの区域について思い出しながら、面積要件を意識して覚えれば、過去問もスムーズに解けるようになります。たとえば、市街化調整区域であれば、市街化を積極的にすすめる区域ではありませんから、どんなに小さな面積の開発行為であっても「開発許可が必要」というようにです。

## 過去問を解こう

\過去問 ①/

（平成29・問17-2）

**Q** 市街化区域内において行う開発行為で、農業を営む者の居住の用に供する建築物の建築の用に供する目的で1,000㎡の土地の区画形質の変更を行おうとする者は、あらかじめ、都道府県知事の許可を受けなければならない。

**A** ○ 市街化区域内において、農業を営む者の居住の用に供する建築物の建築による開発行為は、開発規模が1,000㎡以上の土地なら、許可は必要です。

\過去問 ②/

（令和4・16-2）

**Q** 区域区分が定められていない都市計画区域内において、博物館法に規定する博物館の建築を目的とした8,000㎡の開発行為を行おうとする者は、都道府県知事の許可を受けなくてよい。

**A** ○ 博物館は公益上必要な建築物とされており、区域や面積に関係なく開発許可は不要です。

## [2] みなし許可

国または都道府県や指定都市、事務処理市町村などが行う開発行為については、それら国の機関または都道府県等と都道府県知事等との協議が成立すれば、開発許可があったものとみなされます。

法令上の制限

講義2 都市計画法② 開発許可

# 3 開発許可の手続き

## [1] 手続きの全体の流れ

### ❶ 事前手続き

▼

### ❷ 開発許可申請

▼

### ❸ 知事による申請内容の審査

許可基準に基づいて審査

▼

### ❹ 許可

開発登録簿に登録

▼

### ❺ 土地の造成工事の実施

▼

### ❻ 工事完了の公告

造成工事が
終わったことを知らせる

# ❶事前手続き

開発許可を申請しようとする者は、あらかじめ既存の公共施設（公園、下水道施設など開発に関係のあるもの）の管理者、新設される公共施設の管理者となるものと協議をし、同意（既存の公共施設のみ）を得る必要があります。たとえば、新しい下水管を既存の下水管に接続しても、流量など問題ないかなど、既存の施設の機能が損なわれないことの確認が必要になるからです。ただし、これから新設する公共施設の場合は、その公共施設の適正管理のため、新設される公共施設を管理することとなる者等とは、設計や公共施設の範囲や費用負担、帰属の時期特定などについて協議するだけでよく、同意まで得る必要はありません。

●管理者との協議・同意

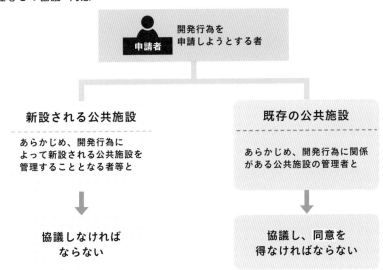

## 関係権利者の同意

開発許可を申請する者は、あらかじめ、土地の関係権利者の**相当数の同意を得ている**ことが**必要**です。

## ❷開発許可申請

開発許可を受けようとする者は、次の事項を記載した開発許可申請書を、都道府県知事に提出する必要があります。申請書には、公共施設の管理者の同意書と協議書、土地所有者等の相当数の同意を得たことを証明する書面などを添付します。

**開発許可申請書の記載事項**
① 開発区域の位置、区域および規模
② 開発区域内において予定される建築物などの用途
③ 開発行為に関する設計
④ 工事施行者　など
**申請に必要な添付書類**
① 開発行為に関係がある公共施設の管理者の同意を得たことを証する書面および協議の経過を証する書面
② 開発許可に係る区域内の土地所有者等の相当数の同意を得たことを証する書面

**ココに注意！**

開発許可申請書には、予定建築物の用途のみを記載します。構造や設備、などの記載は不要です。

## ❸知事による申請内容の審査（開発許可の基準）

● 開発許可の基準

都道府県知事に提出された申請内容が、開発許可の基準に該当していれば、開発許可が下ります。開発許可の基準には2種類があり、どの区域でも共通して適用される技術基準（33条）と**市街化調整区域**において適用される立地基準（34条）があります。立地基準は市街化を抑制するため、立地について特定の用途の建築しか認めない基準となっています。

| | |
|---|---|
| **技術基準（33条）** | 都道府県知事は、開発許可の申請に係る開発行為が技術基準に適合しており、かつ、申請の手続きが都市計画法の規定に違反していないと認めるときは、開発許可をしなければならない<br>　基準例　予定建築物の用途が、用途地域等に適合しているかどうか など |
| **立地基準（34条）** | **市街化調整区域**に係る開発行為については、技術基準（33条）の定める要件を満たし、かつ、立地基準（34条）のいずれかに該当すると認める場合でなければ、都道府県知事は開発許可をしてはならない<br>　基準例　開発区域の周辺に居住する者の日常生活で、必要な物品の販売を営む店舗の開発が必要かどうか　など |

●開発許可の基準

| 市街化調整区域 | 市街化区域 |
|---|---|
| | その他<br>・非線引き都市計画区域<br>・準都市計画区域<br>・都市計画区域および準都市計画区域以外の区域 |

| ・建築物建築のため<br>・第一種特定工作物建設のため | 第二種特定工作物建設のため |
|---|---|
|  |  |

**技術基準（33条）に該当**

市街化調整区域内で第二種特定工作物の建設が目的であれば、技術基準のみ満たせばOK

**立地基準（34条）に該当**

市街化調整区域内で立地基準を満たしていること

**許　可**

＼ 過去問を解こう ／

**Q** 市街化調整区域内における開発行為について、当該開発行為が開発区域の周辺における市街化を促進するおそれがあるかどうかにかかわらず、都道府県知事は、開発審査会の議を経て開発許可をすることができる。

 **A** ✕ 市街化調整区域の開発行為は、周辺の市街化を促進するおそれがなく、市街化区域内で行うことが困難または著しく不適当と認められるものは、都道府県知事は開発審査会の議を経て開発許可をすることができます。

## ❹許可

### (1)許可・不許可の処分

都道府県知事は開発許可の申請があった場合、申請者に遅滞なく許可・不許可の処分を文書で通知しなければなりません。

### (2)開発登録簿の登録

都道府県知事は、開発登録簿を調製して保管します。登録簿については閲覧できるように保管し、請求があったときは、その写しを交付します。

> **開発登録簿の記載事項**
> ①開発許可の年月日
> ②予定建築物などの用途
> ③公共施設の種類、位置および区域など

### (3)開発許可における制限

都道府県知事は、用途地域が定められていない土地の区域内での開発許可を認めるときは、建築物の建蔽率や高さなどの制限を定めることができます。

> **開発許可における制限**
> ①建蔽率
> ②建築物の高さ
> ③壁面の位置
> ④その他建築物の敷地、構造および設備に関する制限

# ❺土地の造成工事の実施

## （1）変更の許可と届出

開発許可を受けた後で、工事内容の変更や廃止をする場合や土地の所有者が変更となる場合は、許可や届出が必要です。

**●開発許可後に必要な許可や届出**

| | |
|---|---|
| **工事内容の変更の許可等** | 開発許可申請書の記載事項の変更をする場合<br>**原則** 都道府県知事の許可が必要<br>**例外** 軽微な変更は、遅滞なく、都道府県知事に届出 |
| **開発行為の廃止** | 遅滞なく、都道府県知事に届出 |
| **開発許可に基づく地位の承継（土地の所有者の変更）** | **一般承継** 相続・会社の合併等で地位を承継<br>⇒開発許可を受けていた被承継人の地位をそのまま承継するので、承認は不要<br>**特定承継** 土地の売買等によって地位を承継<br>⇒都道府県知事の承認が必要 |

# ❻工事完了の公告

開発行為に関する工事が完了したら、完了検査と公告が行われます。また、開発許可を受けた開発区域内では、工事完了の公告があるまでの間は、原則として、建物や特定工作物を建築してはいけません。公告後にも建築制限が設けられています。

## （1）工事完了の届出と公告

**工事完了の届出**

開発許可を受けた者は工事が完了したら、**都道府県知事に届出**をしなければなりません。

**工事完了の公告**

都道府県知事は、工事が開発許可の内容に適合していると認めたときは、**検査済証を交付**し、遅滞なく工事が完了した旨を公告する必要があります。

## （2）工事完了公告前と公告後の建築制限

●工事完了公告前と公告後の建築制限

| 工事完了の公告前 | 工事完了の公告後 |
|---|---|
| **原則** 建築物の建築、特定工作物の建設はできない<br><br>**例外** 次の場合は工事完了の公告前でも建築物の建築等が可能<br>①工事用の仮設建築物など<br>②都道府県知事が支障がないと認めたとき<br>③開発区域内の土地所有者等で開発行為に同意していない者が、その権利の行使として建築・建設するとき | **原則** 予定建築物等以外の建築物、特定工作物を新築・新設はできない。建築物の改築・用途変更もできない<br><br>**例外** 次の場合は予定建築物等以外でも建築可能<br>①都道府県知事が許可したとき<br>②用途地域等が定められているとき<br>☆用途制限に従えば、予定建築物以外の建築物でも、知事の許可なしで建築可能です。 |

**ココに注意！**

工事完了公告後等、国または都道府県が行う建築物の新築等については、国の機関または都道府県等と都道府県知事との協議が成立すれば、許可があったものとみなされます。

## （3）開発行為等によって設置された公共施設の帰属先

| 内　容 | 開発行為等によって設置された公共施設 |
|---|---|
| 時　期 | 工事完了の公告の日の翌日 |
| 帰属先 | **原則** 公共施設のある市町村の管理に帰属<br>**例外** 他の法律に基づく管理者が別にあるとき、または協議により管理者について別段の定めをしたときは、それらの者の管理に帰属 |

## 過去問を解こう

\ 過去問 ① /

(令和2年（10月）・問16-1)

 開発許可を申請しようとする者は、あらかじめ、開発行為又は開発行為に関する工事により設置される公共施設を管理することとなる者と協議しなければならない。

 **A** ○ 新設される公共施設を管理する者とは、あらかじめ、協議が必要です（同意は不要）。

\ 過去問 ② /

(平成21・問17-3)

 開発許可を受けた開発行為又は開発行為に関する工事により、公共施設が設置されたときは、その公共施設は、協議により他の法律に基づく管理者が管理することとした場合を除き、開発許可を受けた者が管理することとされている。

 **A**  ✕ 開発行為で公共施設が設置された場合は、原則としてその公共施設のある市町村の管理に属します。

\ 過去問 ③ /

(平成28・17-4)

 都道府県知事は、用途地域の定められていない土地の区域における開発行為について開発許可をする場合において必要があると認めるときは、当該開発区域内の土地について、建築物の敷地、構造及び設備に関する制限を定めることができる。

  **A**  ○ 都道府県知事は、用途地域が定められていない土地の区域においては、建蔽率、建築物の高さ、壁面の位置、建築物の敷地、構造および設備に関する制限を定めることができます。

法令上の制限

講義2 都市計画法② 開発許可

# ❹ 市街化調整区域内の建築制限

市街化調整区域は市街化を抑制する区域なので、開発許可が不要な土地だからといって、許可を得ずに勝手に建物を建てられても困ります。そのため市街化調整区域では、開発許可だけでなく、建築許可も必要としています。**市街化調整区域で開発許可が不要な土地（すぐにでも建物の敷地とすることができる土地）のことを「市街化調整区域のうち、開発許可を受けた開発区域以外の区域」**と表現しています。

●市街化調整区域内における建築制限

**原則** 開発区域と開発区域外で制限内容は異なります

## 市街化調整区域

**①開発区域**

開発許可の段階で、予定建築物の建築が考慮されているため、都道府県知事の許可なく、予定建築物を建てられる

**②開発区域以外**

建築物の新築・改築・用途変更または第一種特定工作物の新設（第二種特定工作物の建設は除く）を行うには都道府県知事の許可が必要

**例外** 次の場合は、都道府県知事の許可は不要

①農林漁業用の一定の建築物または農林漁業を営む者の居住の用に供する建築物の新築、改築など
②駅舎その他の鉄道施設、図書館、公民館、変電所等の公益上必要な建築物の新築、改築など
③都市計画事業の施行として行う建築物の新築、改築もしくは用途の変更など
④非常災害のために応急措置として行う建築物の新築、改築もしくは用途の変更など
⑤仮設建築物の新築
⑥通常の管理行為、軽易な行為など

# **5** 田園住居地域内における建築制限

田園住居地域では、地域内の農地について、土地の形質の変更、建築物の建築その他工作物の建設または土石その他政令で定める物件の堆積を行おうとする者は、**市町村長の許可が必要**です。これは、住居と農地のバランスを図ることを目的とした規制です。

# 講義3

# 建築基準法

建物を建築するための
さまざまな規定を設けている法律が、建築基準法です。
建築基準法は、単体規定と集団規定の2つに分けられます。
試験では数字なども含め
細かい知識を問われることが多いですが、
まずは、どんな規定があるのかを
大まかにつかんでいくことが大切です。

# 1 建築基準法

## [1] 建築基準法とは

個々の建築物の構造上の基準（単体規定）をはじめ、都市計画区域内の建物の用途や建蔽率、容積率、高さなどを規制する基準（集団規定）などを定めた法律のことです。

#### 建築基準法の目的

「建築物の敷地、構造、設備及び用途に関する最低の基準を定めて、国民の生命、健康及び財産の保護を図り、もって公共の福祉の増進に資することを目的とする」としています。

## [2] 建築基準法の内容

建築基準法の内容は次のとおりです。

### 建築基準法

**単体規定**

個々の建築物に適用される規定。全国にある建物に適用される

**集団規定**

良好な街づくりのための建築環境を確保するもの。都市計画区域および準都市計画区域内に限り適用される

**建築確認**

建築物に関する一定の工事をしようとする場合に、計画が基準に適合しているかどうか、建築主事の確認を受けること

**建築協定**

一定の区域を定め、その区域内における建築物の敷地、位置、構造、用途、形態、意匠または建築設備に関する基準についての協定

## ［3］建築基準法が適用されない建築物

①国宝や重要文化財等に指定された建築物などは、建築基準法の適用外となります。

②建築基準法の規定が施行または適用された当時に存在していた建築物が、現行の建築基準法に適合しなくなった場合、以前の規定のままの状態でも問題ないとしています。これを**既存不適格建築物**といい、原則として増改築等や用途変更を行う際に、現在の基準に適合させることとしています。地方公共団体は、これらの建築物の所有者に対して保安上必要な措置をとることの、命令、勧告、指導、助言が可能です。

# 2 単体規定

単体規定とは、個々の敷地・建築物が備えていなければならない安全・衛生を確保するため、全国どこの建物にでも適用される規定のことです。
単体規定の主な内容は次のとおりです。

**単体規定**

**全国どこの建物にも適用される**

# ［1］単体規定の種類

## ❶敷地

（1）建築物の敷地は、これに接する道の境より高くなければなりません。

（2）建築物の敷地には、雨水や汚水などを排出するための下水管、下水溝を設けなければなりません。

## ❷避雷設備

**高さ20mを超える建築物**には、避雷設備を設けなければなりません。ただし、周囲の状況によって安全上支障がない場合は不要です。

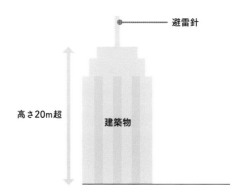

## ❸非常用昇降機の設置

**高さ31mを超える建築物**には非常用の昇降機（エレベーター）☆を設けなければなりません。

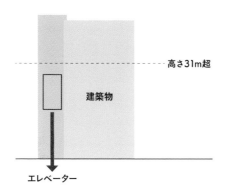

☆単なるエレベーターよりも規定が厳しいものです。非常用昇降機は、平常時は通常に利用してもかまいません。

## ❹手すり壁の設置

屋上や2階以上の階にあるバルコニーには、高さ1.1m以上の手すり壁（またはさく、金網）を設けなければなりません。

☆1階には不要です。

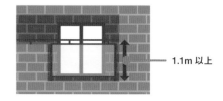

1.1m 以上

## ❺建築材料の禁止・制限

建築材料への石綿（アスベスト）使用は禁止されています。その他クロルピリホス、ホルムアルデヒドの使用にも規制があります。

アスベストの使用禁止

## ❻防火壁・防火床

延べ面積が1,000㎡を超える建築物は、防火上有効な構造の防火壁または防火床によって、各区画の床面積の合計をそれぞれ1,000㎡以内としなければなりません。ただし、耐火建築物、準耐火建築物または主要構造部が不燃材料で造られた建築物、構造などが防火上必要な政令で定める技術的基準に適合するものなどであれば、防火壁等は不要です。

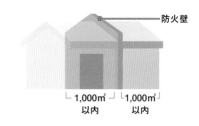

防火壁

1,000㎡以内　1,000㎡以内

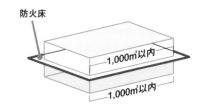

防火床

1,000㎡以内

1,000㎡以内

## ❼居室部分

(1) 居室の天井の高さは、2.1m以上としなければなりません。一室で天井の高さの異なる部分がある場合は、その**平均**の高さによるものとします。

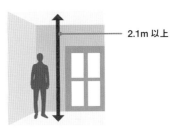

2.1m 以上

(2) 住宅の居室、学校の教室、病院の病室等には、採光のため、窓その他の開口部を設けなければなりません。この場合、住宅では居室の床面積に対して、原則として7分の1以上の割合で設ける必要があります（例外として、50ルックス以上の照明設備を設置すれば、10分の1以上まで緩和可能）。地下等は例外があります。

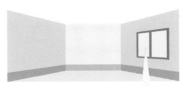

原則として住宅は床
面積に対して$\frac{1}{7}$必要

(3) 居室には、換気のための窓その他の開口部を設けなければなりません。この場合、床面積に対して、20分の1以上の割合で設ける必要があります。

(4) 住宅の居室などを地階に設ける場合、壁および床の防湿の措置など、衛生上必要な政令で定める技術的基準に適合するものとしなければなりません。

### 災害危険区域

地方公共団体は、条例で、津波、高潮、出水等による危険の著しい区域を災害危険区域として指定できます。その区域内での住宅などの建築の禁止やその他建築物の建築に関する制限ができます。

## 過去問 ①

（平成30・問18-3）

 4階建ての事務所の用途に供する建築物の2階以上の階にあるバルコニーその他これに類するものの周囲には、安全上必要な高さが1.1m以上の手すり壁、さく又は金網を設けなければならない。

   屋上や2階以上の階にあるバルコニーその他これに類するものの周囲には、高さ1.1m以上の手すり壁（またはさく、金網）を設けなければなりません。1階には不要です。

## 過去問 ②

（令和2(10月)・問17-4）

 高さ30mの建築物には、非常用の昇降機を設けなければならない。

  30mは誤り。高さ31mを超える建築物には非常用の昇降機を設けなければなりません。

## 過去問 ③

（平成25・問17-ア）

 一室の居室で天井の高さが異なる部分がある場合、室の床面から天井の一番低い部分までの高さが2.1m以上でなければならない。

   居室の天井は高さ2.1m以上でなければなりませんが、一室の居室で天井の高さが異なる部分がある場合は、平均の高さが2.1m以上となる必要があります。

# **3** 集団規定

集団規定は、良好な建築環境を保つためのもので、都市計画区域および準都市計画区域内で適用されます。おもに市街地を促進する区域において、建物や道路などをつくるために必要なルールだと考えておくとよいでしょう。

**集団規定で適用される項目**

❶ 道路制限
❷ 用途制限
❸ 建蔽率
❹ 容積率
❺ 建築物の高さ制限（斜線制限、日影規制）
❻ 防火・準防火地域の規制　など

都市計画区域

および

準都市計画区域

集団規定は
この区域だけに
適用される

## ❶ 道路制限

### （1）建築基準法上の道路

建築基準法での「道路」とは、原則として次の道路の種類に該当するもので、幅員4m以上のものをいいます。

**建築基準法の道路**
①**道路法による道路**：国道・都道府県道・市町村道
②**都市計画法等による道路**：都市計画法・土地区画整理法・都市再開発法等によって作られた道路
③**すでにある道路**：建築基準法の集団規定が適用された際、すでに存在していた道路
④**事業計画のある道路**：2年以内にその事業が執行される予定で特定行政庁が指定した道路
⑤**位置指定道路**：土地を建築物の敷地として利用するために、道路法や都市計画法などによらず、特定行政庁から位置の指定を受けて築造する私道

☆公道か私道かは関係ありません。

**用語解説**

**特定行政庁**
都道府県知事または市町村長をいいます。建築主事（建築確認をする公務員）を置く市町村ではその市町村長が、建築主事を置かない市町村では都道府県知事が特定行政庁となります。

特定行政庁がその地方の気候もしくは風土の特殊性または土地の状況により必要と認め、都道府県都市計画審議会の議を経て指定する区域内においては、幅員6m以上のものが道路となります。

## （2）接道義務

建築物の敷地とするには、原則として敷地が建築基準法上の道路に2m以上接していることが条件です。これが接道義務です。火災時の避難経路など防災上の観点から設けられています。

### ●接道義務

幅員4m以上の建築基準法上の道路に間口2m以上接している敷地であれば、建築物の建築が可能です。

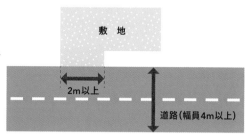

☆幅員が4m以上の道路に2m以上接していても、その道路が建築基準法上の道路でなければ、建築できません。

- ●敷地が4m以上の道（「道路」ではない）に2m以上接する建築物のうち、利用者が少数であるものとして、用途、規模に関し、国土交通省令で定める基準に適合するもので、特定行政庁が交通上、安全上、防火上および衛生上支障がないと認めるもの
- ●敷地の周囲に広い空地を有する建築物などで、特定行政庁が交通上、安全上、防火上および衛生上で支障がないと認めて建築審査会の同意を得て許可したもの

地方公共団体は、以下の①〜⑤に該当する建築物の場合に、敷地に対する前面道路の幅員などについて、条例で制限を付加、つまり、より厳しい制限にすることができます。なお、制限の緩和はできません。

> **条例による制限（より厳しい制限にすること）ができる建築物**
> ①特殊建築物
> ②階数が3階以上の建築物（地下も含む）
> ③政令で定める窓その他開口部を有しない居室を有する建築物
> ④延べ面積1,000㎡を超える建築物（マンションなど）
> ⑤袋路状道路にのみ接する建築物で延べ面積が150㎡を超えるもの（一戸建てを除く）

**ココに注意!**

接道義務は、自動車専用道路や高架の道路などには適用されません。

## (3)みなし道路(2項道路)

原則として、建築基準法上の道路は幅員が4m以上必要です。しかし、建築基準法の集団規定が適用されるに至った際、現に建築物が立ち並んでいる幅員4m未満の道で、特定行政庁の指定したものは道路とみなされます。これがみなし道路(2項道路)です。なお、みなし道路に面した敷地で建替えを行う場合は、道路の中心線から2m、敷地を後退させることになります。これがセットバックです。

●みなし道路とセットバック

### ①みなし道路

道路中心線からの水平距離2mの線を道路境界線とみなします。

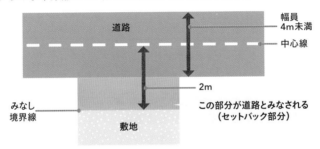

### ②みなし道路が川やがけに面しているとき

道路の片方に川やがけなどがある場合、川やがけなどの道路側境界線から道路側に4m後退した線が道路の境界線とみなされます。

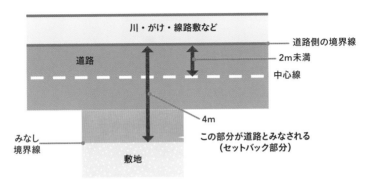

☆みなし道路に該当しない場合(単なる通路など)は、セットバックをしても建築はできません。

59

## （4）道路内の建築制限

原則として、道路内や道路に突き出す形で建築物を建築することはできません。

●道路内の建築制限

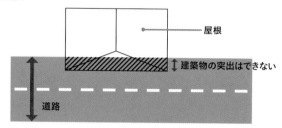

屋根

‡ 建築物の突出はできない

道路

例外

ただし、次の場合には認められます。

## ①地盤面下に設ける建築物（地下アーケード街など）

## ②公衆便所・巡査派出所等の公益上必要な建築物

特定行政庁が通行上支障がないと認めて、建築審査会の同意を得て許可したもの

## ③公共用歩廊（上空連絡通路や商店街のアーケード）など

特定行政庁が安全上、防火上および衛生上他の建築物の利便
を妨げ、その他周囲の環境を害するおそれがないと認めて、あ
らかじめ建築審査会の同意を得て許可したもの

## (5)壁面線による建築制限

### ①壁面線の指定

特定行政庁は、街区内における建築物の位置を整え、環境の向上を図るために必要があると認める場合、建築審査会の同意を得て、壁面線を指定できます。壁面線とは、建物の並びを道路に対してきちんと揃えるために設けられている線のことです。

### ②壁面線による建築制限

次の2つは壁面線を超えて建築することはできません。

(1) 建築物の壁や柱
(2) 高さ2mを超える門・へい

☆地盤面下の部分や特定行政庁が建築審査会の同意を得て許可した歩廊の柱などは除きます。

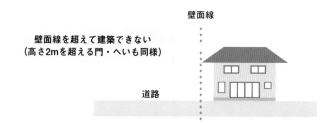

壁面線

壁面線を超えて建築できない
（高さ2mを超える門・へいも同様）

道路

過去問を解こう

（平成27・問18-3）

 Q 地盤面下に設ける建築物については、道路内に建築することができる。

  A  ○ 地盤面下、つまり地下であれば道路部分であっても例外として建築が認められます。地下にあるショッピングセンターなどが該当します。

法令上の制限

講義3 建築基準法

61

# ❷用途制限

## （1）用途制限とは

都市計画法で定められた用途地域内において、どの地域にどんな建物を建ててよいかという制限を設けているのが、用途制限です。主なものをまとめると、次のとおりです。

### どこにでも建てられるもの

神社・寺院・教会などの宗教系施設と巡査派出所、公衆電話所、診療所、保育所、公衆浴場

### 都市計画で決定していなければ建てられないもの

火葬場、と畜場、汚物処理場、ごみ焼却場、卸売市場

### おもな建築物の用途制限　○建築可　×建築不可

●**住宅** ⇒工業専用地域以外は建築可能です。

| | 住居系 | | | | | | | | 商業系 | | 工業系 | | |
|---|---|---|---|---|---|---|---|---|---|---|---|---|---|
| | 一低専 | 二低専 | 田園住居 | 一中高 | 二中高 | 一住居 | 二住居 | 準住居 | 近隣商業 | 商業 | 準工業 | 工業 | 工業専用 |
| 住宅、共同住宅等 | ○ | ○ | ○ | ○ | ○ | ○ | ○ | ○ | ○ | ○ | ○ | ○ | × |

### 学校（幼稚園、小学校、中学校、高等学校）

⇒工業と工業専用地域は危ないので建築できません。この2つの地域以外であればOK。

| | 住居系 | | | | | | | | 商業系 | | 工業系 | | |
|---|---|---|---|---|---|---|---|---|---|---|---|---|---|
| | 一低専 | 二低専 | 田園住居 | 一中高 | 二中高 | 一住居 | 二住居 | 準住居 | 近隣商業 | 商業 | 準工業 | 工業 | 工業専用 |
| 幼稚園小学校、中学校、高等学校 | ○ | ○ | ○ | ○ | ○ | ○ | ○ | ○ | ○ | ○ | ○ | × | × |

### 大学・高等専門学校

⇒第一種・第二種低層住居専用地域、田園住居地域、工業地域、工業専用地域以外は建築できます。

| | 住居系 | | | | | | | | 商業系 | | 工業系 | | |
|---|---|---|---|---|---|---|---|---|---|---|---|---|---|
| | 一低専 | 二低専 | 田園住居 | 一中高 | 二中高 | 一住居 | 二住居 | 準住居 | 近隣商業 | 商業 | 準工業 | 工業 | 工業専用 |
| 大学、高等専門学校、専修学校等 | × | × | × | ○ | ○ | ○ | ○ | ○ | ○ | ○ | ○ | × | × |

### 飲食店・店舗

⇒150㎡以下はコンビニエンスストアのイメージ。第二種低層住居専用地域から建築できます（工業専用地域を除く）。

　500㎡以下はスーパーのイメージ。第一種中高層住居専用地域から建築できます（工業専用地域を除く）。田園住居地域では、地域の農産物販売の店舗、農業の利便増進のために必要な店舗、飲食店等が建築できます。

| | 住居系 | | | | | | | | 商業系 | | 工業系 | | |
|---|---|---|---|---|---|---|---|---|---|---|---|---|---|
| | 一低専 | 二低専 | 田園住居 | 一中高 | 二中高 | 一住居 | 二住居 | 準住居 | 近隣商業 | 商業 | 準工業 | 工業 | 工業専用 |
| 飲食店・店舗（2階以下かつ150㎡以下） | × | ○ | ○ | ○ | ○ | ○ | ○ | ○ | ○ | ○ | ○ | ○ | ▲ |
| 飲食店・店舗（2階以下かつ500㎡以下） | × | × | ▲ | ○ | ○ | ○ | ○ | ○ | ○ | ○ | ○ | ○ | ▲ |
| 飲食店・店舗（2階以下かつ1,500㎡以下） | × | × | × | ○ | ○ | ○ | ○ | ○ | ○ | ○ | ○ | ○ | ▲ |
| 飲食店・店舗・展示場（10,000㎡超） | × | × | × | × | × | × | × | × | ○ | ○ | ○ | × | × |

▲ 農業の利便を増進するために必要な店舗、飲食店等に限り、建築できます。

▲ 物品販売店舗や飲食店は、建築できません。

**ボーリング場、スケート場、ゴルフ練習場、バッティングセンターなど**
⇒第一種住居地域から建築できます（工業専用地域を除く）。

**カラオケボックス**
⇒第二種住居地域から工業専用地域まで建築できます。

**劇場、映画館（200㎡以上）**
⇒近隣商業地域、商業地域、準工業地域で建築できます。
　200㎡未満なら上記3つの地域以外にも準住居地域で建築できます。

| | 住居系 | | | | | | | | 商業系 | | 工業系 | | |
|---|---|---|---|---|---|---|---|---|---|---|---|---|---|
| | 一低専 | 二低専 | 田園住居 | 一中高 | 二中高 | 一住居 | 二住居 | 準住居 | 近隣商業 | 商業 | 準工業 | 工業 | 工業専用 |
| ボーリング場、スケート場、水泳場、ゴルフ練習場、バッティングセンター等 | × | × | × | × | × | ● | ○ | ○ | ○ | ○ | ○ | ○ | × |
| カラオケボックス・ダンスホール | × | × | × | × | × | × | ● | ● | ○ | ○ | ○ | ● | ● |
| 劇場、映画館等（200㎡以上） | × | × | × | × | × | × | × | × | ○ | ○ | ○ | × | × |

●用途部分が3,000㎡以下のものに限り、建築できます。
●用途部分が10,000㎡以下のものに限り、建築できます。

⇒第一種・第二種低層住居専用地域、第一種・第二種中高層住居専用地域、田園住居地域、工業地域、工業専用地域以外で建築できます。

| | 住居系 | | | | | | | | 商業系 | | 工業系 | | |
|---|---|---|---|---|---|---|---|---|---|---|---|---|---|
| | 一低専 | 二低専 | 田園住居 | 一中高 | 二中高 | 一住居 | 二住居 | 準住居 | 近隣商業 | 商業 | 準工業 | 工業 | 工業専用 |
| ホテル旅館 | × | × | × | × | × | ● | ○ | ○ | ○ | ○ | ○ | × | × |

●用途部分が3,000㎡以下のものに限り、建築できます。

●用途地域内の用途制限のまとめ　○建築可　×建築不可

| 建築物など ＼ 用途地域 | 住居系 一低専 | 二低専 | 田園住居 | 一中高 | 二中高 | 一住居 | 二住居 | 準住居 | 商業系 近隣商業 | 商業 | 工業系 準工業 | 工業 | 工業専用 |
|---|---|---|---|---|---|---|---|---|---|---|---|---|---|
| 神社、寺院、教会等 | ○ | ○ | ○ | ○ | ○ | ○ | ○ | ○ | ○ | ○ | ○ | ○ | ○ |
| 公衆浴場、診療所、保育所等 | ○ | ○ | ○ | ○ | ○ | ○ | ○ | ○ | ○ | ○ | ○ | ○ | ○ |
| 巡査派出所等 | ○ | ○ | ○ | ○ | ○ | ○ | ○ | ○ | ○ | ○ | ○ | ○ | ○ |
| 住宅、共同住宅、寄宿舎、下宿 | ○ | ○ | ○ | ○ | ○ | ○ | ○ | ○ | ○ | ○ | ○ | ○ | × |
| 兼用住宅(住宅と店舗など) | ○ | ○ | ○ | ○ | ○ | ○ | ○ | ○ | ○ | ○ | ○ | ○ | × |
| 図書館等 | ○ | ○ | ○ | ○ | ○ | ○ | ○ | ○ | ○ | ○ | ○ | ○ | × |
| 老人ホーム、福祉ホーム等 | ○ | ○ | ○ | ○ | ○ | ○ | ○ | ○ | ○ | ○ | ○ | ○ | × |
| 老人福祉センター、児童厚生施設等 | ● | ● | ● | ○ | ○ | ○ | ○ | ○ | ○ | ○ | ○ | ○ | ○ |
| 幼稚園、小学校、中学校、高等学校 | ○ | ○ | ○ | ○ | ○ | ○ | ○ | ○ | ○ | ○ | ○ | ○ | × |
| 大学、高等専門学校、専修学校等 | × | × | × | ○ | ○ | ○ | ○ | ○ | ○ | ○ | ○ | ○ | × |
| 病院 | × | × | × | ○ | ○ | ○ | ○ | ○ | ○ | ○ | ○ | ○ | × |
| 飲食店・店舗(2階以下かつ150㎡以下) | × | ○ | ○ | ○ | ○ | ○ | ○ | ○ | ○ | ○ | ○ | ○ | ▲ |
| 飲食店・店舗(2階以下かつ500㎡以下) | × | × | ▲ | ○ | ○ | ○ | ○ | ○ | ○ | ○ | ○ | ○ | ▲ |
| 飲食店・店舗(2階以下かつ1,500㎡以下) | × | × | × | ○ | ○ | ○ | ○ | ○ | ○ | ○ | ○ | ○ | ▲ |
| 飲食店・店舗・展示場(10,000㎡超) | × | × | × | × | × | × | ○ | ○ | ○ | ○ | ○ | × | × |
| ボーリング場、スケート場、水泳場、ゴルフ練習場、バッティングセンター等 | × | × | × | × | × | ● | ○ | ○ | ○ | ○ | ○ | ○ | × |
| ホテル、旅館 | × | × | × | × | × | ● | ○ | ○ | ○ | ○ | ○ | × | × |
| マージャン屋、パチンコ屋、射的場、馬券・車券発売所等 | × | × | × | × | × | × | ◐ | ◐ | ○ | ○ | ○ | ◐ | × |
| カラオケボックス・ダンスホール | × | × | × | × | × | × | ◐ | ◐ | ○ | ○ | ○ | ◐ | ◐ |
| 自動車車庫(2階以下、300㎡以内) | × | × | × | ○ | ○ | ○ | ○ | ○ | ○ | ○ | ○ | ○ | ○ |
| 自動車車庫(3階以上、300㎡超) | × | × | × | × | × | × | ○ | ○ | ○ | ○ | ○ | ○ | ○ |
| 劇場、映画館、演芸場、観覧場、ナイトクラブ(200㎡未満) | × | × | × | × | × | × | × | ○ | ○ | ○ | ○ | × | × |
| 劇場、映画館、演芸場、観覧場、ナイトクラブ(200㎡以上) | × | × | × | × | × | × | × | × | ○ | ○ | ○ | × | × |
| キャバレー、料理店等 | × | × | × | × | × | × | × | × | × | ○ | ○ | × | × |
| 個室付浴場業に係る公衆浴場等 | × | × | × | × | × | × | × | × | × | ○ | × | × | × |
| 自動車修理工場(150㎡以下) | × | × | × | × | × | × | × | × | ○ | ○ | ○ | ○ | ○ |
| 危険性が大きいかまたは著しく環境を悪化させるおそれがある工場 | × | × | × | × | × | × | × | × | × | × | × | ○ | ○ |

●600㎡以下のものに限り、建築できます。
●用途部分が3,000㎡以下のものに限り、建築できます。
●用途部分が10,000㎡以下のものに限り、建築できます。
▲物品販売店舗や飲食店は、建築できません。
▲農業の利便を増進するために必要な店舗、飲食店等に限り、建築できます。

**ココに注意！**

用途地域内の用途制限があるとはいえ、特定行政庁が建築審査会の同意を
得て許可した場合には、制限されている用途の建築物でも建築することが
できます。

## （2）建築物の敷地が2つの用途地域にわたる場合

建築物の敷地が2つの用途地域にわたる場合においては、その敷地の全部について過半の
属する用途地域に基づく制限が適用されることになります。

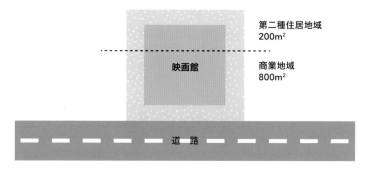

**こんな場合はどうなる？**

**●第二種住居地域と商業地域にわたる場合**

第二種住居地域
200m²

映画館

商業地域
800m²

道 路

**敷地の全部について、商業地域の用途制限が適用されます。**

建築物の敷地1,000m²が商業地域と第二種住居地域にわたり、敷地面積の過半が商業
地域に属する場合、敷地の全部に商業地域の用途制限が適用されます。つまり、上の図
であれば、商業地域の面積のほうが大きいので、第二種住居地域にわたっていても、た
とえば映画館を建築できます。

## 過去問を解こう

### 過去問 ①

(平成26・問18-1)

 店舗の用途に供する建築物で当該用途に供する部分の床面積の合計が10,000㎡を超えるものは、原則として工業地域内では建築することができない。

  ○ 10,000㎡を超える店舗や飲食店は、工業地域での建築はできません。建築できる地域は、近隣商業地域、商業地域、準工業地域となります。

### 過去問 ②

(令和2(10月)・問18-2)

店舗の用途に供する建築物で当該用途に供する部分の床面積の合計が10,000㎡を超えるものは、原則として工業地域内では建築することができない。

近隣商業地域内において、客席の部分の床面積の合計が200㎡以上の映画館は建築することができない。

 × 近隣商業地域であれば、映画館の客席の床面積の合計が200㎡以上のものでも建築できます。

## ❸建蔽率(けんぺいりつ)

### (1)建蔽率とは

建蔽率とは、建築物の建築面積の敷地面積に対する割合のことです。建物を敷地いっぱいに建ててしまうと、日照、通風、採光という環境面だけでなく、火災時に隣家の火が燃え移ってしまうおそれがあるなど、危険性も高くなります。そこで、建蔽率の制限を設けて建築物の敷地内に一定の割合の空地を確保することで、環境や防災面での保護を図っているのです。

● 建蔽率

計算方法

$$建蔽率 = \frac{建築面積}{敷地面積}$$

例) 敷地面積が200㎡で
建築面積が100㎡の場合の建蔽率

$$\frac{100㎡}{200㎡} = 50\%(建蔽率)$$

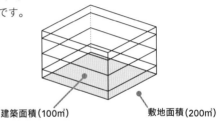

建築面積(100㎡)　　敷地面積(200㎡)

67

## (2)建蔽率の最高限度

建築物の建蔽率は、用途地域ごとに最高限度が定められています。用途地域の指定のない地域では、特定行政庁が定めることになっています。そのほかの地域では、都市計画で定めることとしています。特徴として、商業系の用途地域では、**商業地域で80％**など、住居系の用途地域よりも大きい数値が設定されています。

| 用途地域 | 建蔽率の最高限度 |
|---|---|
| 第一種低層住居専用地域<br>第二種低層住居専用地域<br>第一種中高層住居専用地域<br>第二種中高層住居専用地域<br>田園住居地域<br>工業専用地域 | 30％、40％、50％、60％<br>のうち、都市計画で定めたもの |
| 第一種住居地域<br>第二種住居地域<br>準住居地域<br>準工業地域 | 50％、60％、80％<br>のうち、都市計画で定めたもの |
| 近隣商業地域 | 60％、80％のうち、都市計画で定めたもの |
| 商業地域 | **80％** |
| 工業地域 | 50％、60％のうち、都市計画で定められたもの |
| 用途地域の指定のない区域 | 30％、40％、50％、60％、70％のうち、特定行政庁が土地利用の状況等を考慮し、区域を区分して、都道府県都市計画審議会の議を経て定めるもの |

## （3）建蔽率が緩和される場合

次の建築物の場合、建蔽率が緩和（加算）されます。そのほかにも、建築物のエネルギー消費性能向上のため必要な外壁や屋外に面する建築物の部分に関する工事をする場合、建蔽率は特定行政庁の許可の範囲内で緩和されます。

### 10％加算

### ①防火地域内の耐火建築物等

⇒建蔽率の限度が80％以外（30％～70％）の地域で、かつ、防火地域内にある耐火建築物または耐火建築物と同等以上の延焼防止性能を有する建築物

### ②準防火地域内の耐火建築物等と準耐火建築物等

⇒建蔽率の限度が80％以外で、かつ、準防火地域内にある耐火建築物、準耐火建築物またはこれらの建築物と同等以上の延焼防止性能を有する建築物

### ③街区の角にある敷地（角地）で特定行政庁が指定するものの内にある建築物

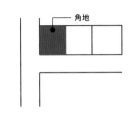

### ④前面道路に壁面線指定を行った場合

⇒特定行政庁が防火上および衛生上支障がないと認めて許可した範囲で緩和

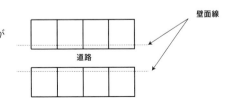

### 20％加算

上記の①または②と、③を両方満たしていれば、建蔽率は20％緩和（加算）されます。

### ●防火地域、準防火地域内の建築物の制限

|  | 防火地域 | 準防火地域 |
|---|---|---|
| 耐火建築物等 | ○ | ○ |
| 準耐火建築物等 | × | ○ |

**用語解説**

**耐火建築物**：耐火性能の高い建築物。鉄筋コンクリートなどの材料で主要構造部を造っている。

**準耐火建築物**：耐火建築物に比べれば耐火性能は低くなるものの、耐火性を考慮した建築物。

過去問を解こう ╱

(平成26・問18-4・改)

>  都市計画において定められた建蔽率の限度が10分の8とされている地域外で、かつ、防火地域内にある耐火建築物（又は同等以上の延焼防止性能を有する建築物）の建蔽率については、都市計画において定められた建蔽率の数値に10分の1を加えた数値が限度となる。

  ○ 建蔽率の限度が10分の8（80％）とされている地域外で、かつ、防火地域内にある耐火建築物（または同等以上の延焼防止性能を有する建築物）の建蔽率は、10％加算されます。

## （4）建蔽率が異なる地域にわたる場合

建築物の敷地が2つ以上の建蔽率の異なる地域にわたる場合は、それぞれの地域に属する敷地の面積の割合を基準として計算した建蔽率が最高限度になります。

### ■計算例

**例）都市計画で定められた建蔽率** 第一種住居地域　60％
　　　　　　　　　　　　　　　　　商業地域　80％

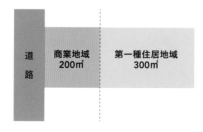

①それぞれの地域で建築可能な面積を求める

商業地域　　　　$200\text{㎡} \times \dfrac{8}{10}$（建蔽率）$= 160\text{㎡}$

第一種住居地域　$300\text{㎡} \times \dfrac{6}{10}$（建蔽率）$= 180\text{㎡}$

②建蔽率 $= \dfrac{160\text{㎡} + 180\text{㎡}}{200\text{㎡} + 300\text{㎡}} = \mathbf{68\%}$

## （5）建蔽率制限の適用がない建築物

建蔽率の制限が適用されない建築物もあります。その場合、建蔽率は100%として建築することが可能です。

> **建蔽率制限が適用されない建築物**
> ①建蔽率の限度が80%とされている地域内で、かつ、防火地域内にある耐火建築物または同等以上の延焼防止性能を有する建築物
> ②巡査派出所、公衆便所、公共用歩廊など
> ③公園、広場、道路、川などの内にある建築物で、特定行政庁が安全上、防火上および衛生上支障がないと認めて許可したもの

# ❹容積率

## （1）容積率とは

容積率とは、建築物の延べ面積（建物の各階の床面積を合計したもの）の敷地面積に対する割合のことです。容積率を定めることで、敷地に対してどのくらいの延べ面積の建築物が建てられるかがわかります。

●容積率

**計算方法**

$$容積率 = \frac{建築物の延べ面積}{敷地面積}$$

例）容積率が150%と定められている地域に、100㎡の敷地がある場合の延べ面積

$$\frac{X㎡}{100㎡} = 150\%（容積率）で、X = 150㎡$$

$$\frac{150㎡}{100㎡} = 150\%（容積率）、150㎡の$$
建築物の建築が可能です。

⇒延べ面積150㎡（床面積50㎡の3階建て等）の建築物が建てられます。

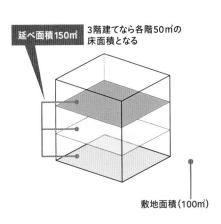

延べ面積150㎡

3階建てなら各階50㎡の床面積となる

敷地面積（100㎡）

●用途地域別の容積率

| 用途地域 | 容積率の最高限度 |
|---|---|
| 第一種低層住居専用地域<br>第二種低層住居専用地域<br>田園住居地域 | 50％、60％、80％、100％、150％、200％の<br>うち、都市計画で定めたもの |
| 第一種中高層住居専用地域<br>第二種中高層住居専用地域<br>または第一種住居地域・第二種住居地域・<br>準住居地域・近隣商業地域・準工業地域 | 100％、150％、200％、300％、400％、500％<br>のうち、都市計画で定めたもの |
| 商業地域 | 200％、300％、400％、500％、600％、700％<br>800％、900％、1000％、1100％、1200％、<br>1300％のうち、都市計画で定めたもの |
| 工業地域<br>工業専用地域 | 100％、150％、200％、300％、400％のうち、<br>都市計画で定めたもの |
| 用途地域の指定のない区域 | 50％、80％、100％、200％、300％、400％の<br>うち、特定行政庁が土地利用の状況等を考<br>慮し、区域を区分して、都道府県都市計画<br>審議会の議を経て定めるもの |

## （2）前面道路の幅員による容積率制限

前面道路の幅員が12m未満と狭い場合には、緊急時の避難経路などのことも考えて、都市計画で定められた容積率をそのまま使うことはしません。**前面道路の幅員に法定乗数を掛けて容積率を出し、その容積率と都市計画で定められた容積率を比べて、小さいほうの数値を最高限度として使います。**

**計算方法**

　　住居系の用途地域　　　前面道路の幅員×0.4（法定乗数）
　　非住居系の用途地域　　前面道路の幅員×0.6（法定乗数）

### ■計算例

**例）前面道路の幅員が6mの場合**

用途地域が第一種中高層住居専用地域の場合

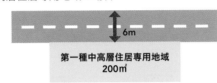

第一種中高層住居専用地域
200㎡

　6m×0.4＝2.4　　⇒　**240％**となる

第一種中高層住居専用地域で定められた容積率が、300％の場合
　240％＜300％

**小さいほうの240％が容積率の最高限度となります。**

### 過去問を解こう

（平成23・問19-3）

　容積率の制限は、都市計画において定められた数値によるが、建築物の前面道路（前面道路が二以上あるときは、その幅員の最大のもの。）の幅員が12m未満である場合には、当該前面道路の幅員のメートルの数値に建築基準法第52条第2項各号に定められた数値を乗じたもの以下でなければならない。

   　前面道路幅員が12m未満の場合には、道路の幅員に定められた数値つまり法定乗数を掛けて出した容積率と都市計画で定められた容積率を比較して、小さいほうをその土地の容積率とします。

## （3）容積率が複数の用途地域にわたる場合

建築物の敷地が、2つ以上の異なる容積率の制限を受ける地域にわたる場合、それぞれの地域に属する敷地の面積の割合を基準として計算した容積率が最高限度になります。

## ■計算例

300㎡ある敷地のうち、近隣商業地域が200㎡で容積率400％
第一種住居地域が100㎡で容積率200％ の場合の容積率

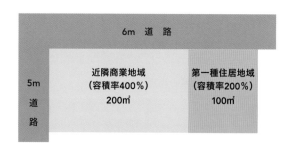

①角地に面している敷地の場合、前面道路幅員は広い方の幅員で計算する。**この場合は6m**
②前面道路幅員で計算した数値と都市計画で定められた容積率を比べる

### 第一種住居地域

前面道路幅員　6m×0.4＝240％
都市計画で定められた容積率　200％　**←こちらの容積率を使う**

建築可能な床面積は、100㎡× $\dfrac{20}{10}$ ＝200㎡

### 近隣商業地域

前面道路幅員　6m×0.6＝360％　**←こちらの容積率を使う**
都市計画で定められた容積率　400％

建築可能な床面積は、200㎡× $\dfrac{36}{10}$ ＝720㎡

容積率＝ $\dfrac{\text{延べ面積}}{\text{敷地面積}}$ なので、 $\dfrac{200㎡＋720㎡}{200㎡＋100㎡}$ ＝ **306％**

## （4）特定道路による緩和

前面道路の幅員が6m以上12m未満で、その前面道路沿いに幅員15m以上の道路（特定道路）から70m以内である敷地については、前面道路の幅員による容積率制限が緩和されます。

● 特定道路による緩和

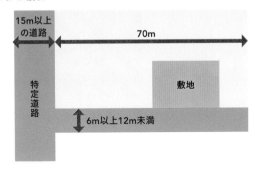

## （5）容積率計算の特例

容積率の計算において、一定の建築物においては床面積を延べ面積に算入しない特例が設けられています。

### ① 住宅等の地下室

地階でその天井が地盤面からの高さ1m以下の住宅または老人ホーム等に供する部分の床面積
⇒床面積の合計の**3分の1を限度として**、延べ面積に算入しません。

**例）100㎡の敷地に建蔽率が50％で容積率100％の場合**

⇒本来建築できる建物の延べ面積は100㎡ですが、地下室の50㎡分（延べ面積に算入しない分）が加算され150㎡まで、建築が可能となります。

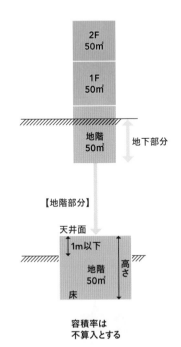

## ②共同住宅・老人ホーム等の共用廊下・階段、エレベーターの昇降路

共同住宅・老人ホーム等の共用の廊下や共用階段の用に供する部分の床面積は、延べ面積に算入しません。エレベーターの昇降路の部分も同様です（エレベーターについては共同住宅、老人ホーム等とは限りません）。

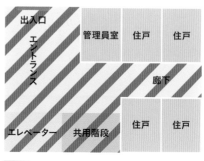

延べ面積に不算入

## ③住宅または老人ホーム等に設ける機械室等

住宅または老人ホーム等に設ける機械室その他これに類する建築物の部分（給湯設備その他の国土交通省令で定める建築設備を設置するためのもの）で、特定行政庁が交通上、安全上、防火上および衛生上支障がないと認めるものは、延べ面積に算入しません。

## ④自動車車庫

自動車車庫は、建築物の延べ床面積の5分の1を限度として床面積に算入しません。

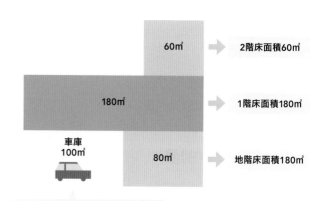

容積率の対象面積に84㎡が不算入

## ■計算例

延べ面積　60㎡＋180㎡＋180㎡＝420㎡　　　　緩和面積　420㎡×$\frac{1}{5}$＝84㎡

車庫面積　**100㎡のうち84㎡が不算入となります。**

| 容積率の対象となる床面積 | 420㎡－84㎡＝336㎡ |
| --- | --- |

**ココに注意！**

建築物のエネルギー消費性能向上のため必要な外壁や屋外に面する建築物の部分に関する工事をする場合、容積率は特定行政庁の許可の範囲内で緩和されます。

**＼過去問を解こう／**

（平成27・問18-1・改）

> **Q** 建築物の容積率の算定の基礎となる延べ面積には、エレベーターの昇降路の部分又は共同住宅・老人ホーム等の共用の廊下若しくは階段の用に供する部分の床面積は、一定の場合を除き、算入しない。

**A　○** エレベーターの昇降路部分と共同住宅・老人ホーム等の共用の廊下や階段の用に供する部分の床面積は、容積率の算定の基礎となる延べ面積に算入しません。

## （6）敷地面積の最低限度

都市計画で建築物の敷地面積の最低限度が定められている場合は、定められた最低限度以上とします。**建築物の敷地面積の最低限度を定める場合、最低限度は、200㎡を超えてはなりません。**

**敷地面積の最低限度**
①全ての用途地域で定めることができる
②敷地面積の最低限度は、200㎡を超えてはならない

# ❺建築物の高さ制限

日照や地域の環境への影響を防ぐために、建築基準法では建築物の高さに制限を設けています。地域によって、制限の種類が異なります。

## （1）絶対高さの制限

第一種低層住居専用地域、第二種低層住居専用地域、田園住居地域では、**建築物の高さは、10mまたは12mのうち、都市計画で定められた高さの限度を超えてはならない**としています。ただし、再生可能エネルギー源の利用のための設備などを屋上などに設置するためにやむを得ないとして特定行政庁が許可した場合は、この限りではありません。

| 適用区域 |
|---|

第一種低層住居専用地域、第二種低層住居専用地域、田園住居地域

ココに注意！

建築物の高さの限度は、10mまたは12mのどちらかになります。

## （2）斜線制限

斜線制限とは、道路や隣地との間に空間をとることで、日照や通風などを確保するために設けられた制限です。道路の地盤面から斜線を引き、その斜線の内側の範囲内で建築をしなければなりません。斜線制限には、道路斜線制限、隣地斜線制限、北側斜線制限の3種類があります。

### ①道路斜線制限

道路と道路の上空に一定の空間をとることで、日照や通風を確保するために設けられた制限です。

| 適用区域 | 全ての地域で適用される（用途地域、用途地域の指定のない区域） |
|---|---|

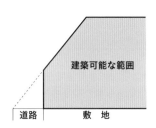

## ②隣地斜線制限

隣接する建築物との間に一定の空間をとることで、日照や通風を確保するために設けられた制限です。隣接する敷地との境界線から20mまたは31mの線を立ち上げ、そこから引いた斜線の内側の範囲で、建築物の高さを規制します。

適用区域

**第一種低層住居専用地域と第二種低層住居専用地域、田園住居地域を除く**10種類の用途地域、用途地域の指定のない区域

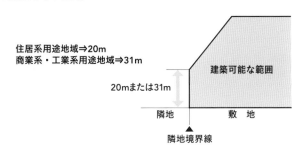

住居系用途地域⇒20m
商業系・工業系用途地域⇒31m

20mまたは31m

建築可能な範囲

隣地　　　　敷　地

隣地境界線

ココに注意!

第一種低層住居専用地域、第二種低層住居専用地域、田園住居地域内では、隣地斜線制限の適用はありません。絶対高さの制限（10mまたは12m以下）のほうがより厳しいからです。

## ③北側斜線制限

北側にある敷地の日照や採光を確保するために設けられた制限です。北側の隣地境界線から5mまたは10mの線を立ち上げ、そこから引いた斜線の内側の範囲で建築物の高さを規制します。

適用区域

第一種低層住居専用地域
第二種低層住居専用地域
田園住居地域
第一種中高層住居専用地域
第二種中高層住居専用地域

☆第一種中高層住居専用地域または第二種中高層住居専用地域の場合で、日影規制の適用がある場合は除きます。

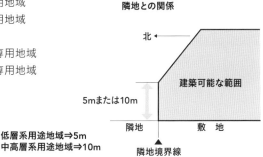

隣地との関係

北

建築可能な範囲

5mまたは10m

隣地　　　　敷　地

低層系用途地域⇒5m
中高層系用途地域⇒10m

隣地境界線

●適用区域

| | 道路斜線制限 | 隣地斜線制限 | 北側斜線制限 |
|---|:---:|:---:|:---:|
| 第一種低層住居専用地域<br>第二種低層住居専用地域<br>田園住居地域 | ○ | × | ○ |
| 第一種中高層住居専用地域<br>第二種中高層住居専用地域 | ○ | ○ | ○<br>☆日影規制の<br>　対象区域を除く |
| 第一種住居専用地域<br>第二種住居専用地域<br>準住居地域<br>近隣商業地域<br>商業地域<br>準工業地域<br>工業地域<br>工業専用地域 | ○ | ○ | × |
| 用途地域の指定のない地域 | ○ | ○ | × |

## （3）日影規制

日影規制では、住宅地に建つ中高層の建築物を対象として、建築物の日影が敷地外で一定時間以上生じないように、建築物の高さを規制します。

対象区域

日影規制は、住居・住居専用地域と近隣商業地域、準工業地域それから用途地域指定のない区域のうち、**地方公共団体の条例で指定する区域内**で適用されます。

ココに注意！

日影規制の対象区域外にあっても、高さが10mを超える建築物で冬至日において、対象区域内の土地に日影を生じさせるものは、日影規制が適用されます。

## ①規制対象の区域と建築物

●規制対象の区域と建築物

| 適用対象地域 | 適用対象建築物 |
|---|---|
| 第一種低層住居専用地域<br>第二種低層住居専用地域<br>田園住居地域 | 軒の高さが7mを超える建築物または地階を除く階数が3以上の建築物 |
| 第一種中高層住居専用地域<br>第二種中高層住居専用地域<br>第一種住居地域<br>第二種住居地域<br>準住居地域<br>近隣商業地域<br>準工業地域 | 高さが10mを超える建築物 |
| 用途地域の指定のない区域 | ①軒の高さが7mを超える建築物または地階を除く階数が3以上の建物<br>②高さが10mを超える建築物 |
| 商業地域、工業地域<br>工業専用地域 | 適用はなし |

**ココに注意!**

日影規制の対象区域は地方公共団体が条例で指定します。

## ②規制の内容

隣地境界線からの距離が5mを超える範囲で、平均地盤面からの一定の高さで、日影を生じないように制限します。

**ココに注意!**

同一の敷地内に2以上の建築物がある場合は、これらの建築物を1の建築物とみなして日影規制を適用します。

例）第一・第二種中高層住居専用地域、第一・第二種住居地域、準住居地域、近隣商業地域、準工業地域

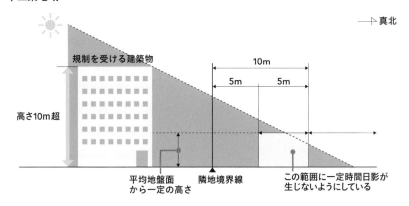

規制を受ける建築物

高さ10m超

10m

5m　5m

真北

平均地盤面
から一定の高さ

隣地境界線

この範囲に一定時間日影が
生じないようにしている

ココに注意！

日影を生じないようにする時間については、地方公共団体の条例によって
指定されています。

過去問を解こう

（平成25・問18-3）

**Q** 建築物が第二種中高層住居専用地域及び近隣商業地域にわたって存する場合で、当該建築物の過半が近隣商業地域に存する場合には、当該建築物に対して建築基準法第56条第1項第3号の規定（北側斜線制限）は適用されない。

**A** ✕ 建築物が異なる用途地域にわたり、斜線制限が異なる地域にわたるときは、その建築物の部分ごとに規制を受けることになります。第二種中高層住居専用地域に存する部分は北側斜線制限を受け、近隣商業地域に存する部分は規制を受けません。

近隣商業地域内の建築物　第二種中高層住居専用地域の建築物

北側斜線制限は適用なし　　　　　　　北側斜線制限を適用

# ❻防火地域・準防火地域内の制限

建物が密集している地域だと、火災が起こった場合に延焼のおそれがあり危険です。そこでこのような地域を防火地域、準防火地域として指定することで、建築物の構造制限を設けています。特に指定されていない地域は、未指定地域となります。

## （1）防火地域と準防火地域

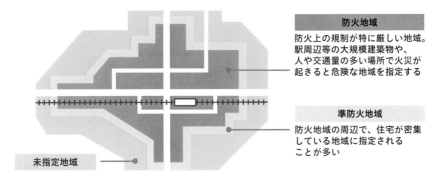

**防火地域**

防火上の規制が特に厳しい地域。駅周辺等の大規模建築物や、人や交通量の多い場所で火災が起きると危険な地域を指定する

**準防火地域**

防火地域の周辺で、住宅が密集している地域に指定されることが多い

未指定地域

## （2）防火地域、準防火地域内の建築物

防火地域、準防火地域にある建築物は、開口部など延焼のおそれがある部分に防火戸などを設けたり、壁、床、柱などには防火地域、準防火地域の別に応じて政令で定める技術的基準に適合し、国土交通大臣が定めた構造方法、認定を受けたものとしなくてはなりません。

例外

門または塀で高さ2m以下のもの、または準防火地域内にある建築物（木造建築物等を除く）に附属するものは除きます。

## （3）建築物の屋根

防火地域または準防火地域内の建築物の屋根の構造も火災時の火の粉による建築物の火災の発生を防止するため、政令で定める技術的基準や国土交通大臣の定めた構造方法あるいは認定を受けたものとしなければなりません。

## ●看板等の防火措置

防火地域内にある看板、広告塔、装飾塔などで
次に該当するものは、主要な部分を不燃材料
で造り、またはおおわなければなりません。
（1）建築物の屋上に設けるもの
（2）高さが3mを超えるもの

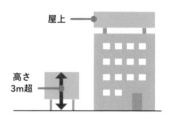

屋上

高さ
3m超

ココに注意！

防火地域または準防火地域内にある建築物で、外壁が耐火構造のものにつ
いては、その外壁を隣地境界線に接して設けることができます。

## （4）建築物が防火地域または準防火地域の内外にわたる場合の措置

### ①建築物が防火地域または準防火地域と未指定地域にわたる場合

**原則** 建築物の全部について防火地域または準防火地域内の規定が適用されます。

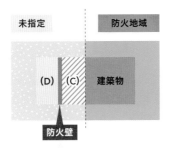

建築物全部に、より厳しい防火地域
内の規定が適用される。
（A）の部分は防火地域の規定適用

建築物全部に、より厳しい準防火地
域内の規定が適用される。
（B）の部分は準防火地域の規定適用

**例外** 建築物が防火地域または準防火地域外において防火壁で区画されている場合、防火壁外の部分については、防火地域または準防火地域内の規定は適用されません。

（C）の部分は防火地域、防火壁外の（D）の
部分は未指定地域の規定が適用される

## ②建築物が防火地域および準防火地域にわたる場合

**原則**　建築物の全部について防火地域内の規定が適用されます。

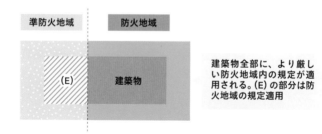

建築物全部に、より厳しい防火地域内の規定が適用される。(E)の部分は防火地域の規定適用

**例外**　建築物が防火地域外において防火壁で区画されている場合、その防火壁外の部分については、準防火地域内の規定が適用されます。

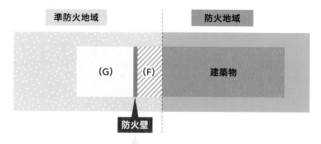

(F)の部分のみ、より厳しい防火地域内の規定が適用される。
防火壁がない場合には、(G)の部分も防火地域の規定が適用される

＼過去問を解こう／

（平成23・問18-1）

　建築物が防火地域及び準防火地域にわたる場合、原則として、当該建築物の全部について防火地域内の建築物に関する規定が適用される。

　　　建築物が防火地域および準防火地域にわたる場合は、その建築物の全部について防火地域（厳しいほう）の規定が適用されることになります。

# 4 建築確認

建築主は建築物の工事を行う前に、その建築物が建築基準法に適合するかどうか、申請書を提出して建築主事・指定確認検査機関の確認と確認済証の交付を受ける必要があります。これが建築確認です。

## [1] 建築物の種類

### ❶特殊建築物

⇒床面積が200㎡超の場合には全国どこでも建築確認が必要

例)**劇場、映画館、病院、旅館、共同住宅、学校、図書館、百貨店、飲食店、コンビニエンスストアなど**

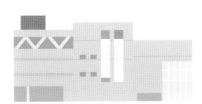

### ❷大規模建築物

⇒全国どこでも建築確認が必要

| 木造 |
| --- |

・階数が3以上
・延べ面積が500㎡超
・高さ13m超
・軒高9m超

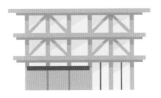

| 木造以外 |
| --- |

・階数が2以上
・延べ面積200㎡超

**ココに注意!**

大規模建築物の場合、1つでも条件に該当していれば、大規模建築物となります。

### 一般建築物

特殊建築物、大規模建築物以外の建築物であれば、都市計画区域、
準都市計画区域、都道府県知事が指定する区域などでは建築確認
が必要となります。

### ●建築確認が必要になる行為

| 適用区域 | 建築物の種類・面積 | 内容 | | | | |
|---|---|---|---|---|---|---|
| | | 新築 | 増・改築・移転(☆2) | | 大規模修繕・模様替え | 用途変更 |
| | | | 床面積 10㎡超 | 床面積 10㎡以内 | | |
| 全国 | ❶特殊建築物<br>床面積の合計が200㎡を超える建築物 | ○ | ○ | × | ○ | ○(☆3) |
| | ❷大規模建築物<br>木造・木造以外 | ○ | ○ | × | ○ | × |
| 都市計画区域等(☆1) | ❸一般建築物(特殊建築物・大規模建築物以外の建築物) | ○ | ○ | × | × | × |
| 防火・準防火地域 | 全部の建築物 | ○ | ○ | ○ | ❶ ○ | ○ |
| | | | | | ❷ ○ | × |
| | | | | | ❸ × | × |

○ 建築主事または指定確認検査機関の建築確認必要
× 確認不要

☆1 都市計画区域や準都市計画区域、都道府県知事が指定する区域。

☆2 移転等は建物を分解せずそのまま移転させることです。

☆3 特殊建築物への用途変更の場合、映画館から劇場、旅館からホテル、下宿から寄宿舎など似たような用途(類似の用途)への変更の場合、建築確認は不要となります。

（平成27・問17-1）

  防火地域及び準防火地域外において建築物を改築する場合で、その改築に係る部分の床面積の合計が10㎡以内であるときは、建築確認は不要である。

  **○** 防火地域および準防火地域外で改築や増築、移転に係る部分の床面積の合計が10㎡以内であれば、建築確認は不要です。

## ［2］建築確認の手続

### ❶建築確認を行う人

建築確認を行うのは、建築主事、指定確認検査機関です。

**建築主事**

建築確認を行う公務員。政令で指定する人口25万人以上の市は、建築主事を置くことが定められています。

**指定確認検査機関**

国土交通大臣等の指定を受けた民間の検査機関

## ❷建築確認の表示

建築主事または指定確認検査機関の確認がおりた場合、工事施工者は、工事現場に建築確認済の表示をします。

## ❸建築確認の流れ

●建築確認の流れ

| | |
|---|---|
| ①建築主事・指定確認検査機関の確認 | 建築主事・指定確認検査機関が審査をします。<br>建築確認の申請を受理した日から<br>200㎡超の特殊建築物・大規模建築物は35日以内に<br>一般建築物は7日以内に<br>申請者に確認済証を交付します。確認済証の交付を受けた後でなければ、工事はできません |
| ②中間検査<br>(特定工程を含む場合) | 特定工程(階数が3以上の共同住宅の2階の床・はりに鉄筋配置など)を含む工事の場合、構造等を確認するために、建築主は特定工程を終了した日から4日以内に、建築主事または指定確認検査機関の中間検査を受けなければなりません |
| ③工事完了 | 建築主は工事完了日から4日以内に建築主事に到達するよう、完了検査の申請をします |
| ④完了検査 | 建築主事・指定確認検査機関は建築主から完了検査の申請を受理した日から7日以内に完了検査をします |
| ⑤検査済証の交付 | 検査の結果、建築基準法などの規定に適合していることが認められた場合は、建築主に対して検査済証を交付しなければなりません |
| ⑥使用開始 | 200㎡超の特殊建築物、大規模建築物は、検査済証が交付された後でなければ、建物の使用開始はできません。ただし、特定行政庁が安全上等支障がないと認めたときは、仮使用できます。一般建築物であれば検査済証の交付前から使用できます |

# [3] 不服申立て

建築基準法令の規定による特定行政庁、建築主事もしくは建築監視員などによる処分に関しては建築審査会に対して審査請求ができます。この審査請求の裁決に不服がある者は、国土交通大臣に再審査請求ができます。

**建築審査会**

建築審査会は、5人以上の専門の委員によって組織されている機関です。建築基準法に基づく行政処分などに不服があるときは、この建築審査会に対して審査請求を行います。また、建築基準法に規定する同意(例:容積率制限の緩和の際に必要とされる同意など)も行います。

法令上の制限

講義3 建築基準法

**Q** 3階建て、延べ面積600㎡、高さ10mの建築物に関して、当該建築物が木造であり、都市計画区域外に建築する場合は、確認済証の交付を受けなくとも、その建築工事に着手することができる。

 **A** ✕ 3階建て、延べ面積600㎡、高さ10mの建築物は大規模建築物に該当するため、全国どこでも建築確認が必要です。たとえ都市計画区域外であっても、大規模建築物を新築する場合は、建築確認を受け、確認済証の交付を受けなければ、工事に着手できません。

# 5 建築協定

## [1] 建築協定とは

その区域内の環境を守るために、住民が自主的に決める建築物についてのルールのことです。「この地区に店舗は作らない」「派手な外壁の色は認めない」など、住民同士で話し合って決めることができます。これを建築協定といいます。

● 建築協定
建築物の敷地、位置、構造、用途、形態、意匠または建築設備に関する基準についてのルール

屋根の形や
色を揃える

戸建住宅のみ建設可

敷地の面積を定める

# ［2］建築協定のしくみ

## ❶建築協定を締結できる区域

建築協定を締結できるのは、市町村が条例で定めた一定の区域内に限られます。都市計画区域外でも定めることができます。

## ❷建築協定の締結、変更、廃止の手続き

| 締結 | 建築協定を締結しようとする土地所有者および借地権を有する者（締結権者）は、**全員の合意**のうえ、建築協定区域や建築物に関する基準などを定めた建築協定書を作成し、特定行政庁に提出して認可を受けます |
| 変更 | 土地の所有者等の**全員の合意**と特定行政庁の認可が必要 |
| 廃止 | 土地の所有者等の**過半数の合意**により廃止を定め、特定行政庁の認可を受けます |

## ❸建築協定の効力

建築協定は認可の公告のあった日以後に、建築協定区域内で新しく土地の所有者や借地権者となった者に対しても効力があるものとします。

## ❹一人協定

土地の所有者が1人であれば、特定行政庁の認可を受けて、建築協定を定めることができます。もし、認可の日から起算して3年以内において、建築協定区域内に2人以上の土地の所有者等が存在することになると、その時から通常の建築協定の効力が発生することになります。

**ココに注意！**

一人協定は、宅地分譲業者（デベロッパー）が住宅地の分譲前に、街のイメージを作るにあたり、建築協定を定める場合に使用されます。

講義 4

# 国土利用計画法

国土利用計画法では、
国土利用計画の策定に関し必要な事項を定めるとともに、
異常な地価の上昇を防ぐための措置として
一定の面積以上の土地取引について
届出を義務づけています。
届出には事前届出と事後届出がありますが、
試験に出題されるのは、ほぼ事後届出です。
届出が必要・不要な場合を理解しておきましょう。

# 1 国土利用計画法

right
法令上の制限

講義4 国土利用計画法

## ［1］国土利用計画法とは

国土利用計画法（国土法）とは、主に地価の高騰の抑制を図ることを目的とした法律です。この法律によって、一定の土地取引（「土地売買等の契約」といいます）について許可と届出といった規制が設けられています。

## ［2］土地取引の規制

国土利用計画法での土地取引の規制には、許可制と届出制の2種類があります。届出制は、土地取引の契約前に届出を行う事前届出制と、契約後に届出を行う事後届出制の2つに分かれています。事前届出が必要な区域は「監視区域」と「注視区域」とし、それ以外の区域については事後届出としています。

●区域別の土地取引の規制

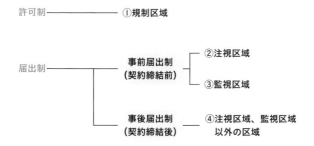

| ①規制区域 | 投機的取引が相当範囲にわたり集中して行われ、または行われるおそれがあり、および地価が急激に上昇し、または上昇するおそれがある区域 |
|---|---|
| ②注視区域 | 地価が一定の期間内に社会的経済的事情の変動に照らして相当な程度を超えて上昇し、または上昇するおそれがあるものとして国土交通大臣が定める基準に該当し、これによって適正かつ合理的な土地利用の確保に支障を生ずるおそれがあると認められる区域 |
| ③監視区域 | 地価が急激に上昇し、または上昇するおそれがあり、これによって適正かつ合理的な土地利用の確保が困難となるおそれがあると認められる区域　**例）**東京都小笠原村 |
| ④事後届出区域 | 規制区域、注視区域および監視区域以外の区域 |

**ココに注意!**

規制区域に関しては、これまでに日本で指定された区域はありませんので、参考程度に覚えておきましょう。注視区域、監視区域については、特に地価が上昇するおそれがないかどうかを厳しく注視・監視をする区域です。

# 2 事後届出制

## [1] 届出内容と届出義務者

規制区域、監視区域、注視区域以外の区域、つまり特に指定のない区域で一定の土地の取引（土地売買等の契約）をした場合、事後届出を行う必要があります。権利取得者（買主など）は契約後2週間以内に、市町村長経由で都道府県知事（指定都市では市長。以下同じ）に届出を行います。

### ●事後届出

| 届出内容 | ①契約の当事者の氏名・住所等<br>②契約を締結した年月日<br>③土地の利用目的<br>④対価の額 |
|---|---|
| 届出時期 | 契約締結後2週間以内<br>☆契約の締結日を含めて2週間以内 |
| 届出義務者 | 権利取得者（買主） |
| 届出相手 | 市町村長経由で都道府県知事 |

**届出をしなかったら？**
届出をしなかった場合は、罰則（6カ月以下の懲役または100万円以下の罰金）が適用されますが、契約は無効とはなりません。

ココに注意!

「事後届出」をすべき事項には「土地の利用目的」や「対価の額」などがあります。p99で解説しますが、事後届出を受けた都道府県知事（市長）は、一定の審査（チェック）のうえ、必要があれば「変更してください」というような「勧告」をすることができます。「事後届出」の場合、この勧告の対象は「土地の利用目的」のみとなります。注視区域や監視区域でのような事前届出（売買などの契約前の届出）とは異なり、契約をしてからの届出ですので、もはや「対価の額」については勧告できません。しかしながら、勧告の対象とはならないとはいえ「対価の額」も事後届出の届出事項になっていることに、ちょっとだけ注意をしておいてくださいね。

## ［2］届出対象面積

土地取引をしても、すべて届出が必要というわけではありません。届出対象面積となるのは、次の場合です。届出義務者は買主なので、面積は買主を基準に考えることになります。

●届出対象面積

| 市街化区域 | 2,000㎡以上 |
|---|---|
| 市街化調整区域、非線引き都市計画区域 | 5,000㎡以上 |
| 準都市計画区域、都市計画区域外 | 10,000㎡以上 |

過去問を解こう

（平成28・問15-1・改）

Ｑ　事後届出の必要とされる区域において、市街化区域内の土地（面積2,500㎡）を購入する契約を締結した者は、その契約を締結した日から起算して3週間以内に事後届出を行わなければならない。

Ａ　✕　市街化区域内の土地の面積が2,000㎡以上の土地取引の場合、権利取得者は、契約締結日から2週間以内に、事後届出をする必要があります。本問の土地の面積は2,500㎡なので、事後届出は必要です。

## こんな場合はどうなる？

### ①Cがビルを建設するために、市街化区域内にあるA所有の甲地 1,500㎡とB所有の乙地1,500㎡をそれぞれ購入する場合

### それぞれの契約について、Cは届出が必要です

Cは、最終的には3,000㎡の土地を購入したことになるので、それぞれの契約について届出が必要です。契約締結時期が違っていても同じです。個々に契約した土地の面積が届出対象面積以下の場合であっても、権利取得者が届出対象面積以上の一団の土地（「物理的一体性」と「計画的一貫性」の要件を満たしているひとまとまりの土地）を取得した場合については届出が必要となります。**この場合は、土地の合計面積で判断します。**

ココに注意！

「物理的一体性」とは、土地が隣りあっていてまとまっていること、そして「計画的一貫性」とは、たとえば2個以上の土地をあわせてビルを建てる、といった計画がある、ということです。この2つの要件が揃っている場合は、一団の土地として判断されます。

### ②A所有の市街化区域内の甲地3,000㎡をBとCにそれぞれ1,500㎡ ずつ売った場合

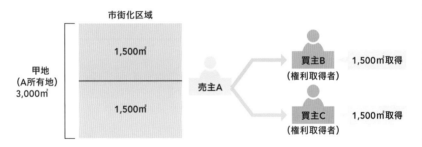

## BとCは、ともに届出不要です

それぞれの買主が取得する土地は届出対象面積未満だからです。**この場合は、誰が買主で面積がどうなっているかで判断します。**

③**市街化区域の4,500㎡の土地をA、B、Cの3人で共有する場合に、Aが自分の持分の土地をDに譲渡した場合**（持分は同じ）

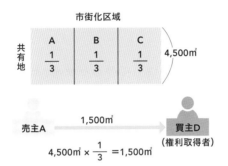

市街化区域

| 共有地 | A $\frac{1}{3}$ | B $\frac{1}{3}$ | C $\frac{1}{3}$ | 4,500㎡ |

売主A ━━━ 1,500㎡ ━━━▶ 買主D（権利取得者）

$4,500㎡ \times \frac{1}{3} = 1,500㎡$

## 土地の面積に持分を乗じた面積で判断します

DがAの持分だけを買い受けた場合は、その規模は1,500㎡（＝4,500㎡×$\frac{1}{3}$）となります。市街化区域は2,000㎡以上の土地で届出が必要となるので、この場合、Dは届出不要となります。

# ［3］勧告と公表

## ❶勧告

もし、土地取引に問題があったときには、都道府県知事は届出をした者に対して、**土地利用目的について必要な変更をすべきことを勧告することができます。勧告は届出があった日から起算して、原則として3週間以内**（期間内に届出をした者に対し、勧告をすることができない合理的な理由があるときは、3週間の範囲内において、期間を延長できる）に、その届出をした者に対して行います。

土地の利用目的を変更したほうがよいのでは？

**ココに注意！**

事後届出の場合は、土地の利用目的の変更のみを勧告できます。

**ココに注意!**

事後届出制では、対価の額について勧告されることはありません。ただし、届出事項に対価の額も含まれています。

## ❷公表

勧告を受けた者がその勧告に従わないときは、都道府県知事は、その旨と勧告の内容を公表できます。公表することで社会的な制裁をするという意味です。勧告に従わなくても、契約は有効です。罰則もありません。

## ❸土地に関する権利の処分についてのあっせん、その他の措置

都道府県知事は、勧告に基づき土地の利用目的が変更された場合において、必要があると認めるときは、土地に関する権利の処分についてのあっせん、その他の措置を講ずるよう努めなければなりません。

**ココに注意!**

都道府県知事に対して、土地を買い取るよう請求することはできません。

**過去問を解こう**

（平成23・問15-1）

**Q** 都道府県知事は、国土利用計画法第24条第1項の規定による勧告に基づき当該土地の利用目的が変更された場合において、必要があると認めるときは、当該土地に関する権利の処分についてのあっせんその他の措置を講じなければならない。

「土地に関する権利の処分についてのあっせんその他の措置を講じなければならない」のではありません。正しくは「講ずるように努めなければならない」となります。これを努力義務といいます。必ずあっせんその他の措置をとるというわけではないのです。

●事後届出制の手続きのフロー

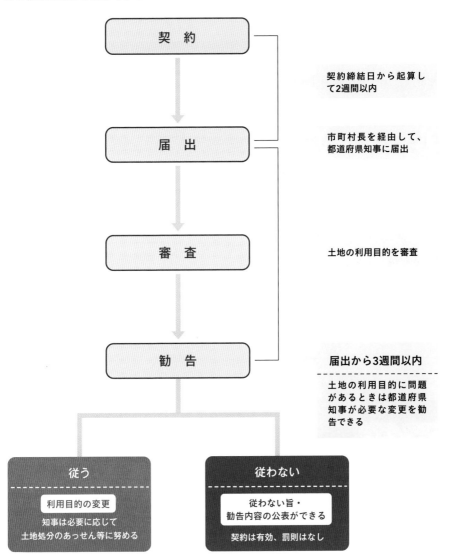

**契約**

契約締結日から起算して2週間以内

**届出**

市町村長を経由して、都道府県知事に届出

**審査**

土地の利用目的を審査

**勧告**

届出から3週間以内

土地の利用目的に問題があるときは都道府県知事が必要な変更を勧告できる

**従う**

利用目的の変更

知事は必要に応じて土地処分のあっせん等に努める

**従わない**

従わない旨・勧告内容の公表ができる

契約は有効、罰則はなし

# 3 事前届出制

## [1] 事前届出制

注視区域内または監視区域内で土地売買等の契約を締結しようとする場合には、契約の当事者は、当該土地が所在する市町村の長を経由して、あらかじめ、都道府県知事に届出が必要です。届出をした後に、予定対価の額を増額したり、土地の利用目的の変更をして契約を締結しようとするときは、あらためて届出が必要です。

### ●事前届出

| 届出内容 | ①契約当事者の氏名・住所等<br>②予定対価の額<br>③土地の利用目的 |
|---|---|
| 届出時期 | 土地の売買契約前 |
| 届出義務者 | 当事者(売主・買主)の双方 |
| 改めて届出<br>する場合 | ①予定対価の額を増額<br>②土地の利用目的を変更して契約する場合 |

**届出をしなかったら？**
届出をせずに契約を締結した場合には、罰則(6カ月以下の懲役または100万円以下の罰金)が適用されますが、その契約は無効とはなりません。

**ココに注意！**
予定対価の額の減額のみする場合は、あらためて届出はしなくてもよいのです。

# ［2］届出対象面積

注視区域に関しては、事後届出と同じ面積ですが、監視区域の場合は都道府県知事が都道府県（指定都市では市。以下同じ）の規則で面積を定めます。なお、「一団の土地」の取引の場合、事後届出制では「買主側の面積」のみで考えればよかったのですが、事前届出制では「売主側の面積」が一定基準以上であれば、買主側が取得した面積にかかわらず、届出が必要となります。

## ❶注視区域の届出対象面積

●届出対象面積

| 市街化区域 | 2,000㎡以上 |
|---|---|
| 市街化調整区域、非線引き都市計画区域 | 5,000㎡以上 |
| 準都市計画区域、都市計画区域外 | 10,000㎡以上 |

## ❷監視区域

都道府県知事が都道府県の規則で定めた面積となります。

●Cがビルを建設するため、注視区域の市街化区域内にあるA所有の
甲地1,500㎡とB所有の乙地1,500㎡をそれぞれ購入する場合

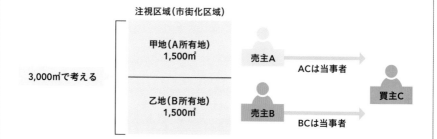

注視区域（市街化区域）

甲地（A所有地）
1,500㎡

3,000㎡で考える

乙地（B所有地）
1,500㎡

売主A　ACは当事者

買主C

売主B　BCは当事者

**売主A、Bと買主Cは事前届出が必要です**

売主Aと買主C、売主Bと買主Cの当事者は、最終的に3,000㎡の土地取引をしたことに
なるので、売主、買主の全員が事前届出をする必要があります。

# ［3］勧告と公表

## ❶勧告

届出の予定対価の額が適正を欠いている場合や、土地
の利用目的に問題があるといった場合には、都道府県
知事は届出をした者に対して、**契約締結の中止、予定対
価の引下げ、土地の利用目的の変更を勧告できます。届
出があった日から起算して、原則として6週間以内に**、
その届出をした者に対して行います。届出をした者は、
届出をした日から起算して6週間は土地売買契約を行
うことはできません。

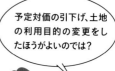

予定対価の引下げ、土地
の利用目的の変更をし
たほうがよいのでは？

**ココに注意！**

事前届出の場合は、利用目的以外に、対価についても勧告できます。

## ❷公表

勧告を受けた者が勧告に従わないときは、都道府県知事はその旨を公表できます。公表することにより、社会的制裁をするという意味です。勧告を無視した場合でも、契約は有効で、罰則もありません。

\過去問を解こう/

（平成28・問15-2）

Aが所有する監視区域内の土地（面積10,000㎡）をBが購入する契約を締結した場合、A及びBは事後届出を行わなければならない。

監視区域内の土地売買等の契約を締結する場合、都道府県知事が都道府県の規則で定めた届出対象面積に該当したら、当事者は契約締結前に、事前届出をしなければなりません。

●事前届出制の手続きのフロー

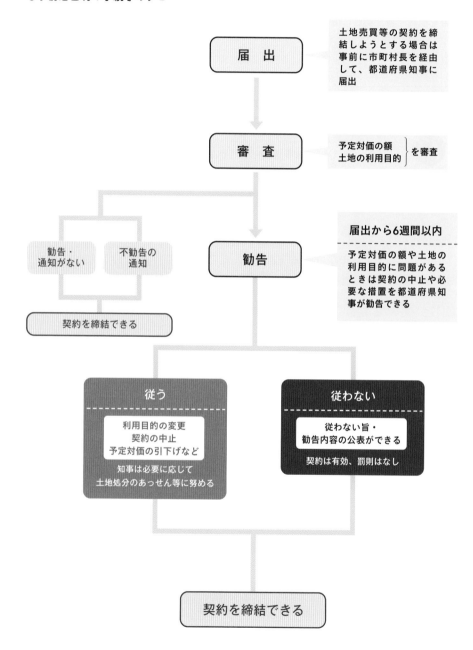

届 出

土地売買等の契約を締結しようとする場合は事前に市町村長を経由して、都道府県知事に届出

審 査

予定対価の額
土地の利用目的｝を審査

勧 告

届出から6週間以内

予定対価の額や土地の利用目的に問題があるときは契約の中止や必要な措置を都道府県知事が勧告できる

勧告・通知がない

不勧告の通知

契約を締結できる

従う

利用目的の変更
契約の中止
予定対価の引下げなど

知事は必要に応じて
土地処分のあっせん等に努める

従わない

従わない旨・
勧告内容の公表ができる

契約は有効、罰則はなし

契約を締結できる

# ❹ 届出が必要となる場合（事後届出・事前届出　共通）

## ［1］契約の3つの要件

規制区域内等の土地について、許可または届出が必要となる「土地売買等の契約」は、次の3つの要件をすべて満たす場合です。

## ■届出が必要な場合

①土地に関する権利（所有権、地上権、賃借権またはこれらの権利の取得を目的とする権利）の移転または設定であること⇒ **権利性**

②土地に関する権利の移転または設定が
対価を得て行うものであること⇒ **対価性**

「対価」は、金銭以外に金銭に換算できるものも含まれます。ですから、交換も売買と同じように取り扱います。なお、地上権または賃借権を設定する場合の対価とは、権利金その他権利設定に伴う一時金として支払われる金銭で、返還されないものです。

③土地に関する権利の移転または設定が契約により
行われるものであること⇒ **契約性**

契約は、予約のほか、停止条件付き、解除条件付きも該当します。また、売買に限らず、譲渡担保、代物弁済などの契約も含まれます。

**ココに注意！**

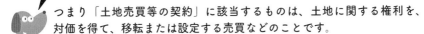

つまり「土地売買等の契約」に該当するものは、土地に関する権利を、対価を得て、移転または設定する売買などのことです。

●土地売買等の契約

土地売買等の契約に該当するかどうか、下記の表で確認しましょう。土地に関する権利性、対価性、契約性の3つの要件をすべて満たしていれば、土地売買等の契約に該当します。

| | 項　目 | 権利性 | 対価性 | 契約性 | 土地売買等の契約に該当 |
|---|---|---|---|---|---|
| 届出が必要 | ①売買契約、売買予約 | ○ | ○ | ○ | ○ |
| | ②保留地処分(土地区画整理事業) | ○ | ○ | ○ | ○ |
| | ③共有持分の譲渡 | ○ | ○ | ○ | ○ |
| | ④代物弁済・代物弁済の予約 | ○ | ○ | ○ | ○ |
| | ⑤交換 | ○ | ○ | ○ | ○ |
| | ⑥形成権(予約完結権・買戻権)の譲渡 | ○ | ○ | ○ | ○ |
| | ⑦停止条件付き・解除条件付きの売買・譲渡 | ○ | ○ | ○ | ○ |
| | ⑧信託財産(受益権の譲渡) | ○ | ○ | ○ | ○ |
| | ⑨権利金の授受のある土地賃借権・地上権の設定 | ○ | ○ | ○ | ○ |
| 届出が不要 | ⑩権利金の授受のない土地賃借権・地上権の設定 | ○ | × | ○ | × |
| | ⑪抵当権の設定または移転 | × | ○ | ○ | × |
| | ⑫贈与、負担付贈与、財産分与、合意解除 | ○ | × | ○ | × |
| | ⑬共有持分の放棄 | ○ | × | × | × |
| | ⑭相続、法人の合併、遺産分割、遺贈、時効、土地収用 | ○ | × | × | × |
| | ⑮信託契約(引受けまたは終了) | ○ | × | ○ | × |

## ［2］届出が不要となる場合

次の場合は届出が不要です。

### ■届出が不要な場合

①当事者の一方または双方が国や地方公共団体などの場合
②民事調停法による調停となる場合
③農地法3条1項の許可を受けることを要する場合
　⇒農地を農地のまま売る場合です。
　☆転用取引である農地法5条1項の許可を受けることを要する取引の場合は、届出が必要です。
④滞納処分、強制執行、担保権の実行としての競売などの場合

╲ 過去問を解こう ╱
（平成27・問21-3）

 市街化調整区域に所在する農地法第3条第1項の許可を受けた面積6,000㎡
の農地を購入したAは、事後届出を行わなければならない。

   農地法第3条の許可を受けて土地の売買契約をしたと
きには、事後届出を行う必要はありません。

●土地取引の規制のまとめ

| | 規制区域<br>(許可制) | 事後届出区域<br>(事後届出制) | 注視区域<br>(事前届出制) | 監視区域<br>(事前届出制) |
|---|---|---|---|---|
| 区域指定の要件 | ・投機的取引が相当範囲にわたり集中して行われ、または行われるおそれがあり、および地価が急激に上昇し、または上昇するおそれがある区域 | なし | ・地価が一定の期間内に社会的経済的事情の変動に照らして相当な程度を超えて上昇し、または上昇するおそれがあるものとして国土交通大臣が定める基準に該当し、これによって適正かつ合理的な土地利用の確保に支障を生ずるおそれがあると認められる区域 | ・地価が急激に上昇し、または上昇するおそれがあり、これによって適正かつ合理的な土地利用の確保が困難となるおそれがあると認められる区域 |
| 届出の相手方 | 都道府県知事(指定都市では市長) | | | |
| 届出対象面積 | 面積要件なし<br>(1㎡でも許可要) | ・市街化区域　　　　2,000㎡以上<br>・市街化調整区域、<br>　非線引き都市計画区域<br>　　　　　　　　　　5,000㎡以上<br>・都市計画区域外 10,000㎡以上 | | 都道府県知事が都道府県の規則で定める面積以上 |
| 届出時期 | 契約締結前 | 契約締結後<br>2週間以内 | 契約締結前 | |
| 届出義務者 | 当事者<br>(売主・買主) | 当事者のうち権利取得者<br>(買主) | 当事者(売主・買主) | |

国土利用計画法の
土地取引で
届出対象となる面積は？

市街化区域は2,000㎡以上
市街化調整区域、
非線引き都市計画区域は
5,000㎡以上
都市計画区域以外は
10,000㎡以上！

ココは覚えよう！
1コマ講義

# 講義5

# 農地法

農地法は、かんたんにいうと、
農地と農作に関わる人を保護するための法律です。
試験で必ず出題される法律ですが、都市計画法や建築基準法と
違って学習範囲が狭く、得点しやすい分野です。
農地の所有者の変更（権利移動）や
使い方の変更（転用）がある場合の許可内容を
しっかり押さえましょう。

# 1 農地法

## ［1］農地法とは

農地は国民の食料を確保するための重要な資源です。農地法では、国の農業生産力の向上および維持のために、農地の売買や使用目的の変更（転用）を行うにあたり、制限を設けています。

## ［2］農地となる土地

「農地」とは、耕作の目的に供される土地のことです。「採草放牧地」とは、主として耕作または養畜のための採草または家畜の放牧の目的に供される土地です。この2種類の土地を売買や転用するときに、農地法の許可制度が適用されます。

●農地

耕作の目的に供される土地

●採草放牧地

主として耕作または養畜のための採草または家畜の放牧の目的に供される土地

## ■農地とする判断基準

### ①土地の「現況」で判断する

土地登記簿上の地目とは関係なく「現況」で判断をします。要するに、土地登記簿上の地目が「宅地」や「山林」となっていたとしても、現況（現在の状況）が耕作の目的に供されていれば、農地となるのです。

### ②休耕地の場合の取り扱い

いままで農地だったけれど、現時点では休耕地となっている土地（農地として利用していない土地）は、農地として取り扱います。農地法では「現在の状況が耕作の目的に供されていなくても、耕作しようと思えばできる土地」は農地とすることにしています。

### ③「一時使用の転用」の場合

農地（休耕地も含みます）を一時的に資材置場などに転用する場合の取り扱いですが、一時的とはいえ農地以外のものにするということになりますので、農地法の許可制度が適用されます。

 **ココに注意！**

家庭内にある家庭菜園については、規模的に農地として独立していない（住宅の敷地の一部）と考えられるので、一般的には農地には該当しないとしています。

 **過去問を解こう**

（令和2(12)月・問21-1）

**Q** 山林を開墾し、農地として耕作している土地であっても、土地登記簿上の地目が山林であれば、農地法の適用を受ける農地に該当しない。

   土地登記簿上の地目が「山林」であっても、現況が耕作の目的に供されている土地であれば、農地法では「農地」となります。

## ［3］権利移動・転用は許可が必要

農地や採草放牧地の所有者の変更（権利移動）、使用目的の変更（転用）については、農地法3条、4条または5条の許可が必要となる場合があります。許可が必要となるケースは次の3つです。

### ①3条許可（権利移動）⇒農地や採草放牧地の権利移動で、転用を目的としない

Aが所有する農地や採草放牧地をBに農地として売る場合

### ②4条許可（転用）⇒農地の転用で権利移動は伴わない

☆採草放牧地を転用する場合、4条許可は不要です。

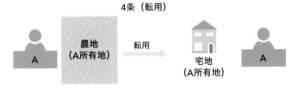

Aが自分で農地を宅地に変える場合

### ③5条許可（転用目的の権利移動）⇒農地や採草放牧地の転用目的の権利移動

Aが所有する農地や採草放牧地をBに売り、Bが宅地に変える場合

# 2 3条許可（権利移動）

## ［1］3条の許可制度

農地や採草放牧地の所有権を移転する場合は、農業委員会の許可が必要です。農地の所有者が代わるということは、耕作者が代わるということです。場合によっては農業生産力の低下も考えられます。そこで農地法では、所有者が代わる場合に許可を必要としています。**許可を得ないで契約した場合は、無効**となります。

●3条の許可制度

## 3条許可　⇒　農地や採草放牧地の権利移動で、転用を目的としない

3条（権利移動）

農地
（A所有地）　→ 権利移動 →　農地
（B所有地）

Aが所有する農地をBに農地として売る場合

**当事者は農業委員会の許可が必要**

☆採草放牧地の権利移動によって農地に転用する目的でも、3条の許可が必要です。

**用語解説**

**権利移動**
所有権を移転する、または地上権、永小作権、貸借による権利などの使用収益を目的とする権利を設定、移転することです。簡単にいうと、農地の所有者や使用者が代わることです。

**ココに注意！**

抵当権は農地法上の権利移動には該当しません。なぜなら、抵当権を設定しても耕作者が代わるわけではないからです。そのため、3条許可は不要です。

過去問を解こう

（令和3（12月）・問21-1）

**Q** 自己所有の農地に住宅を建設する資金を借り入れるため、当該農地に抵当権の設定をする場合には、農地法第3条第1項の許可を受ける必要がある。

**A** ✕ 抵当権を設定しても、農地の権利移動に該当するわけではないので、農地法第3条の許可は不要です。

## ［2］許可が不要となる場合

次のいずれかに該当する場合は、許可が不要となります。

### ❶国や都道府県が権利を取得する場合

⇒許可不要となるのは、権利取得者が国または都道府県である場合です（市町村は除きます）。国や都道府県から権利を取得する場合には、許可が必要となります。5条許可の場合も同じ扱いです。

●個人の所有している農地を国や都道府県が取得した

●国や都道府県の土地を個人が取得した

**❷民事調停法による農事調停により、権利が設定・移転される場合**
**❸土地収用法などにより、収用または使用される場合**
**❹相続、遺産の分割などによる場合**

⇒相続などの遺産分割により、農地または採草放牧地の権利を取得する場合、農地法第3条の許可は不要です。ただし、取得した場合は、その農地または採草放牧地の存在する市町村の農業委員会に遅滞なく届け出る必要があります。農地の所有者をはっきりとさせておくためです。

**ココに注意!**

 競売による農地の取得は、農地法上の許可が必要です。

**許可を受けなかったら?**
許可を受けずに行った契約などの行為は、無効です。罰則については3年以下の懲役または300万円以下の罰金が適用されます。

**過去問を解こう**

(平成23・問22-1)

 相続により農地を取得する場合は、農地法第3条第1項の許可を要しないが、遺産の分割により農地を取得する場合は、同項の許可を受ける必要がある。

  ✕ 相続や遺産分割により、農地または採草放牧地の権利を取得する場合、農地法第3条の許可は不要ですが、取得した場合は遅滞なく農業委員会にその旨の届出が必要です。

# **3** 4条許可（転用＝農地を宅地等にする場合）

法令上の制限

## ［1］ 4条の許可制度

農地を農地以外のもの、たとえば宅地などに転用する場合には、都道府県知事等の許可を受けなければなりません。なお、採草放牧地の権利移動を伴わない転用については、農地法の制限はありません。

●4条の許可制度

4条許可　⇒　農地の転用で権利移動は伴わない

4条（転用）

Aが自分で農地を宅地に変える場合
### 都道府県知事等の許可が必要
☆農業委員会を経由して申請します。

ココに注意!

都道府県知事等とは、都道府県知事のほか、農林水産大臣が指定する市町村（指定市町村といいます）の区域内での市町村長のことをいいます。ちなみに指定市町村は、農地の農業上の効率的かつ総合的な利用の確保に関する施策の実施状況を考慮して、農林水産大臣が指定します（5条も同じです）。

# ［2］ 許可が不要となる場合

次のいずれかに該当する場合は、許可が不要となります。

## ❶市街化区域内にある農地を、農業委員会にあらかじめ届け出て転用する場合（市街化区域内の特例）

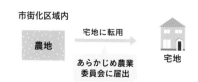

市街化区域内

農地　→ 宅地に転用 →　宅地

あらかじめ農業
委員会に届出

### 市街化区域内の特例

優先的、計画的に市街化を図る市街化区域内では、農地を転用する場合には、**あらかじめ農業委員会へ届け出**ておけば、4条、5条の許可は不要です。ただし、権利移動のみを目的とする場合、3条の許可が必要となります。

## ❷国や都道府県等が一定の施設の用に供するために、転用する場合

⇒道路や農業用の用排水施設やその他の必要性が高い施設などに転用する場合は、許可不要です。これ以外の場合（転用目的が病院、学校、社会福祉施設、庁舎等）は、国や都道府県等と都道府県知事等との協議が成立することで、4条の許可があったものとみなします。

## ❸土地収用法などにより、収用または使用した農地を転用する場合

## ❹市町村が、道路、河川、堤防、水路などの施設として転用する場合

⇒市町村が転用する場合は原則許可が必要ですが、目的によって不要の場合があります。

## ❺2a未満の農地を農業用施設として転用する場合　など

☆2a ＝ 200㎡のことです。

---

### 許可を受けなかったら？
許可を受けずに転用した場合は、都道府県知事等により、原状回復や工事の停止などの命令が行われることがあります。罰則については、3年以下の懲役または300万円以下の罰金が適用されます（法人の場合は1億円以下の罰金）。

市街化区域内の農地を自家用駐車場に転用する場合、農地法第4条第1項の許可が必要である。

  ✕ 市街化区域内の農地を転用する場合は、あらかじめ農業委員会に届け出ておけば、農地法第4条の許可を受ける必要はありません。市街化区域内の特例に該当します。

# 4 5条許可(転用目的の権利移動)

## [1] 5条の許可制度

農地を農地以外のもの、または採草放牧地を採草放牧地以外にするために所有権を移転したり、使用収益権を設定、移転する場合には、都道府県知事等の許可を受けなければなりません。

● 5条の許可制度

5条許可　⇒　農地や採草放牧地の転用目的の権利移動

5条（転用目的＋権利移動）

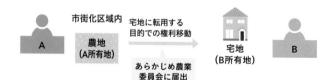

Aが所有する農地をBに売り、Bが宅地に変える場合

**都道府県知事等の許可が必要**

☆農業委員会を経由して申請します。

## [2] 許可が不要となる場合

次のいずれかに該当する場合は、許可が不要となります。

❶市街化区域内にある農地または採草放牧地を農業委員会にあらかじめ届け出て、権利を取得する場合(**市街化区域内の特例**☆p120参照)

```
市街化区域内   宅地に転用する
               目的での権利移動
      農地                              宅地
  A  (A所有地)                        (B所有地)   B
          あらかじめ農業
          委員会に届出
```

❷国や都道府県等が一定の施設の用に供するために、権利を取得する場合

⇒道路や農業用の用排水施設その他の必要性が高い施設などに転用するために権利を取得する場合は、許可不要です。これ以外の場合(転用目的が病院、学校、社会福祉施設、庁舎等)は、国や都道府県等と都道府県知事等との協議が成立することで、5条の許可があったものとみなします。

❸土地収用法などにより、収用または使用される場合

❹市町村が、道路、河川、堤防、水路などの施設として、転用するために権利を取得する場合

⇒市町村が転用目的で権利を取得する場合は、その目的によって許可が必要な場合と不要の場合があります。

**許可を受けなかったら?**
許可を受けずにした契約などの行為は無効となり、原状回復や工事の停止などの命令が行われることがあります。罰則については、3年以下の懲役または300万円以下の罰金が適用されます(法人の場合は1億円以下の罰金)。

\ 過去問を解こう /
(平成25・問21-3・改)

 国又は都道府県等が市街化調整区域内の農地（1ヘクタール）を取得して学校を建設する場合、都道府県知事等との協議が成立しても農地法第5条第1項の許可を受ける必要がある。

  ✕ 国または都道府県等が市街化調整区域内に学校を建設するために農地を取得する場合、それだけでは農地法第5条の許可が不要とはなりませんが、都道府県知事等との協議が成立すれば、農地法第5条の許可があったものとみなされます。この協議が成立すれば、許可は不要となります。

123

# 5 農地・採草放牧地の賃貸借

## ［1］賃貸借の対抗力

農地または採草放牧地の賃貸借は、登記がない場合でも、農地または採草放牧地の引渡しがあれば、その後に、農地または採草放牧地の所有権などを取得した第三者に対抗できます。つまり、農地の賃借権は、引渡しによって対抗力が生じる、ということです。

**ココに注意！**

農地の引渡しがあったというときの例としては、肥料をまいた、整地をした、というような場合です。

**過去問を解こう**

（平成25・問21-1）

**Q** 農地の賃貸借について農地法第3条第1項の許可を得て農地の引渡しを受けても、土地登記簿に登記をしなかった場合、その後、その農地について所有権を取得した第三者に対抗することができない。

**A** ✕ 農地の賃借権は、引渡しによって対抗力が生じるので、引渡しを受けていれば第三者に対抗できます。

## [2] 賃貸借の解約の制限

農地または採草放牧地の賃貸借については、都道府県知事（指定都市では、市長）の許可を受けなければ、原則として賃貸借の解除や解約の申入れなどはできません。

## [3] 賃貸借の存続期間

**農地または採草放牧地の賃貸借の存続期間は、50年以内の期間まで、定めることができます。**

●農地法3条・4条・5条の許可等のまとめ

| | | 3条許可<br>（権利移動） | 4条許可<br>（転用） | 5条許可<br>（転用目的の権利移動） |
|---|---|---|---|---|
| 許可権者 | | 農業委員会 | 都道府県知事等 | |
| 市街化区域内の特例 | | なし | あらかじめ農業委員会に届出<br>（許可不要） | |
| 許可不要の場合 | | ・国や都道府県が権利を取得する場合<br>・土地収用法などにより、収用または使用される場合<br>・相続や遺産の分割などによる場合 | ・国や都道府県等が一定の施設の用に供するために、権利を取得する場合<br>・土地収用法などにより、収用または使用される場合<br>・2a未満の農地を農業用施設として転用する場合 | ・国や都道府県等が一定の施設の用に供するために、権利を取得する場合<br>・土地収用法などにより、収用または使用される場合 |
| 違反の場合 | 権利移動についての効力 | 無効 | ー | 無効 |
| | 違反したときの処分 | ー | 原状回復や工事の停止等の命令 | |
| | 罰則 | 3年以下の懲役または300万円以下の罰金<br>（4条許可、5条許可の場合、法人は1億円以下の罰金） | | |

講義6

# 土地区画整理法

雑然とした土地を区画整理して、
住みよい街づくりをするための法律です。
施行者の種類や「換地」や「保留地」といった耳慣れない言葉が
多く登場しますが、土地区画整理事業がどんな手順で
行われるのか流れをつかんでおけば、
理解しやすくなるので、得点源にできるはずです。

# 1 土地区画整理事業

## [1] 土地区画整理事業とは

土地区画整理（事業）とは、都市計画区域において、道路・公園・広場・河川などの公共施設を整備や改善して、街並みを整える（土地の区画を整える）ことにより、宅地の利用の増進を図る事業です。この土地区画整理事業を行うための法律が土地区画整理法です。

土地区画整理事業は、かなり大規模な事業となることが多く、事業期間は10年から20年と長期にわたる場合もあります。なお、**土地区画整理事業は都市計画区域内で行う事業**とされているため、**都市計画区域外では行われません。**

●土地区画整理事業のイメージ図

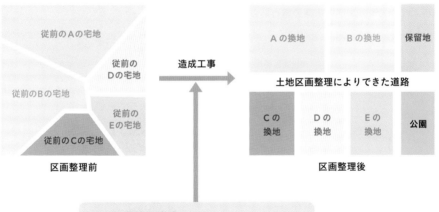

## ［2］減歩と換地

土地区画整理事業を行うにあたり、道路の幅を拡げたり、道路や公園などを新設したりするには土地が必要です。この土地を生み出すために、土地の所有者から同じ割合で自分の土地を提供してもらうことを「減歩」といいます。減歩によって生み出された土地を集めて新たに道路や公園を作るのです。また、土地区画整理事業の費用に充てるために売却する土地の「保留地」も作ります（p151参照）。

換地とは、土地区画整理前の宅地（従前の宅地）の代わりに交付される宅地（土地区画整理後の宅地）のことです。そして、従前の宅地と換地を入れ替える作業のことを換地処分といいます。換地処分によって交付された換地は、従前の宅地と比べると面積も異なりますし、場所の移動もあったりします（p127のイメージ図参照）。

## ■減歩をしても土地の価格は変わらない

例）A地の土地区画整理事業の施行前と後での価格

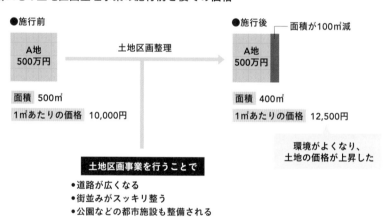

128

ココに注意!

土地区画整理法での「宅地」とは、公共施設の用に供されている国または地方公共団体の所有する土地以外の土地です。そのため、土地区画整理法では、山林でも宅地にあたります。

法令上の制限

講義6 土地区画整理法

●土地区画整理事業の基本的な流れ

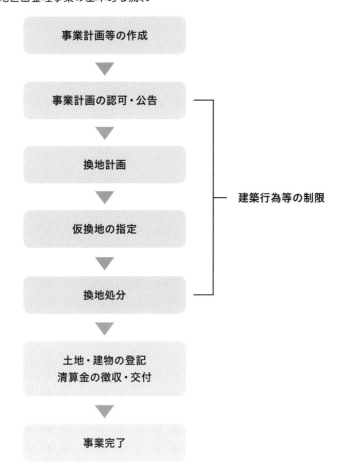

事業計画等の作成

↓

事業計画の認可・公告

↓

換地計画

↓

仮換地の指定 ── 建築行為等の制限

↓

換地処分

↓

土地・建物の登記
清算金の徴収・交付

↓

事業完了

# 2 土地区画整理事業の施行者

## [1] 民間施行と公的施行とその施行者

土地区画整理事業は、民間施行と公的施行の2つに分けられます。試験で重要になるのは民間施行の場合が多いですが、ここでは民間施行と公的施行と、その施行者について解説していきます。

### ❶民間施行

民間施行とは、地域の街並みを整備するために、地域の住人がみんなでお金を出しあって土地区画整理事業を行う、というイメージでとらえておけばよいでしょう。民間施行の場合は、個人、土地区画整理組合、区画整理会社が施行者となります。

### （1）個人施行者

宅地の所有者、借地権者、これらの同意を受けた者が、1人で行う（一人施行）、または数人共同で行う（共同施行）ことが可能です。
⇒一人施行であれば、規準および事業計画を、共同施行であれば、規約および事業計画を定め、都道府県知事の認可を受けなければなりません。

### ●個人施行者が土地区画整理事業の認可を受けるまで

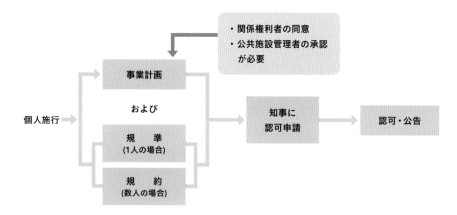

## （2）土地区画整理組合

宅地の所有者、借地権者が、7人以上共同で設立する組合
⇒土地区画整理組合の場合は組合を設立しようとする者が、定款および事業計画（事業計画の決定前に設立の必要があるときは事業基本方針）を定め、その組合の設立について都道府県知事の認可を受けなければなりません。

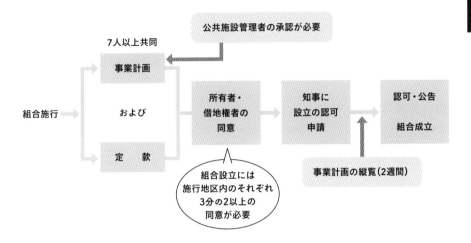

**組合設立には**
・宅地の所有者・借地権者が7人以上必要
・施行地区内の所有者・借地権者のそれぞれの3分の2以上の同意が必要

強制加入方式

組合が認可された場合は、施行地区内の宅地の所有者および借地権者は、強制的にすべて組合員となります。しかし、未登記の借地権者については、申告または届出をしなければ、組合員にはなりません。

ココに注意！

7人以上いても個人施行はできますが、その場合は所有者等の全員の同意が必要です。

131

## （3）土地区画整理会社

多角的な資金調達を行いやすくするために、宅地の所有者、借地権者を株主とする株式会社のことで、一定の要件に該当するもの

⇒その宅地を含む一定の区域の土地について、土地区画整理事業を施行できますが、規準および事業計画を定め、その施行について都道府県知事の認可を受けなければなりません。

> **会社設立には**
> ・宅地の所有者・借地権者を株主・社員とする
> ・施行地区内の所有者・借地権者のそれぞれの3分の2以上の同意が必要

## ❷公的施行

公的施行は、都市計画として行われる土地区画整理事業であるため、地方公共団体をはじめ、公的な機関などが手掛けます。したがって、施行者は地方公共団体（都道府県または市町村）、独立行政法人都市再生機構または地方住宅供給公社となります。なお、国土交通大臣は、国の利害に重大な関係のある土地区画整理事業で、特別の事情により急施を要する場合等に、施行者となります。

⇒公的施行の場合には、それぞれの事業ごとに、**土地区画整理審議会**が設置されます。

 **ココに注意！**

都道府県などが施行者となる公的施行の場合、施行者と施行地区内の土地の権利者が一致しないので、権利者の意見を事業に反映させることができるようにするため、土地区画整理事業ごとに「土地区画整理審議会」が設置されます。土地区画整理審議会の委員は、施行地区内の宅地の権利者から選出される委員と、市町村長が選任する学識経験委員により構成され、公的施行での「換地計画の決定」や「仮換地の指定」などについて審議します。

**過去問を解こう**

（平成24・問21-4）

 **Q** 土地区画整理組合が施行する土地区画整理事業に係る施行地区内の宅地について所有権又は借地権を有する者は、すべてその組合の組合員とする。

  **A**  **○** 組合が認可された場合、施行地区内の宅地の所有者および借地権者は、強制的にすべて組合員となります。

# ［2］都市計画事業との関連

土地区画整理事業は、都市計画事業でないものと都市計画事業であるものとに分かれます。民間施行はどちらの事業でも施行できますが、**公的施行については都市計画事業であるものしか施行できません。**

## ❶都市計画事業として施行されないもの（民間施行）

| 施行できる区域 | | 実施できるのは |
|---|---|---|

**施行地区**
都市計画に定められた
施行区域外でも施行できる
☆都市計画区域内なら、市街化
　調整区域内でも施行できる。

→ 都市計画事業
以外 ←

個人施行者、土地区画整理組合、
区画整理会社

## ❷都市計画事業として施行されるもの（公的施行）

| 施行できる区域 | | 実施できるのは |
|---|---|---|

**都市計画に定められた
施行区域内**
●市街化区域
●区域区分が定められていな
　い都市計画区域
☆市街化調整区域では
　施行できない。

→ 都市計画事業
（市街地開発
事業） ←

●民間施行者
　個人施行者、土地区画整理組合、
　区画整理会社
●公的施行者
　都道府県、市町村、国土交通大臣、
　都市再生機構　　等

### 施行地区と施行区域の違い

土地区画整理事業を行う区域のことを「施行地区」といいます。また、都道府県等が都市計画事業（公的施行）として土地区画整理事業を行う区域のことを「施行区域」といいます。

●民間施行と公的施行の比較

| | | 土地区画整理事業を行う場所 | 都市計画事業として行うか | 市街化調整区域での施行は |
|---|---|---|---|---|
| 民間施行 | ①個人施行<br>②土地区画整理組合<br>③区画整理会社 | 都市計画区域内<br>☆**市街化調整区域内でも事業ができる。** | 必ずしも都市計画事業として行わなくてもよい | できる |
| 公的施行 | ④国土交通大臣<br>⑤都道府県<br>⑥市町村<br>⑦都市再生機構<br>⑧地方住宅供給公社 | 都市計画に定められた施行区域内のみ<br>☆**市街化調整区域では施行できない。** | 都市計画事業として行う必要あり | できない |

## 過去問を解こう

（平成24・問21-2）

 土地区画整理組合は、土地区画整理事業について都市計画に定められた施行区域外において、土地区画整理事業を施行することはできない。

  施行者が、民間施行者（個人、土地区画整理組合、土地区画整理会社）であれば、都市計画に定められた施行区域外でも都市計画区域内なら土地区画整理事業の施行は可能です。

# 3 建築行為等の制限

土地区画整理事業の施行地区内では、土地区画事業の施行を妨げないよう、建築行為に制限を設けています。

●建築行為等の制限

組合設立の認可の公告、
事業計画の決定等の公
告があった日後　　　　　　　　　　　　　　換地処分の公告が
　　　　　　　　　　　　　　　　　　　　　ある日まで

この期間に下記の①～③の行為を行う場合は

**都道府県知事等の許可が必要**

| ①土地の形質の変更 | 土地区画整理事業の施行の障害となるおそれがある場合に限る |
|---|---|
| ②建築物その他の工作物の新築、改築、増築 | |
| ③移動の容易でない物件（重量5トンを超える分割困難な物件）の設置もしくは堆積 | |

☆仮換地の指定があっても、制限は解除されません。

**ココに注意！**

都道府県知事等には、国土交通大臣のほかに市長も含まれます。国土交通大臣が施行者であれば、国土交通大臣の許可が必要です。市の区域内で民間施行または市が施行する土地区画整理事業であれば、当該市の長（つまり市長）の許可が必要となります。

135

**Q** 土地区画整理組合の設立の認可の公告があった日以後、換地処分の公告がある日までは、施行地区内において、土地区画整理事業の施行の障害となるおそれがある建築物の新築を行おうとする者は、土地区画整理組合の許可を受けなければならない。

 土地区画整理事業の施行の障害となるおそれがある建築物の新築を行おうとする場合、土地区画整理組合ではなく、都道府県知事等の許可を受ける必要があります。

# 4 換地計画等

## [1] 換地計画

土地区画整理事業では、区画整理後の施行地区全体の道路や公共施設、そして宅地の位置を決める「換地計画」を定めます。この「換地計画」は、土地区画整理事業の結果、施行地区内のすべての土地がどうなるのか、公共施設はどう整備改善されるのかなどを定めた計画であり、きわめて大事です。そのため、施行者が民間施行（個人施行者、組合、区画整理会社）、公的施行（市町村または都市再生機構や地方住宅供給公社）であれば、換地計画を作成して、**都道府県知事の認可**を受けなければなりません。

> **換地計画で定められる内容**
> 事業計画よりもさらに細かく、お金のことなども決めていきます。
> ①換地設計
> ②清算金
> ③保留地　など

## ■換地計画を行う場合

### ●換地計画の作成にあたり必要な要件

| 施行者 | 必要な手続き |
|---|---|
| 個人施行者 | 宅地の所有者・借地権者等全員の同意 |
| 土地区画整理組合 | 総会の承認の議決 |
| 区画整理会社 | 所有者、借地権者の3分の2以上の同意 |
| 公的施行者（国土交通大臣、都道府県、市町村、都市再生機構、地方住宅供給公社） | 土地区画整理審議会の意見を聴く |

### ●換地計画を定める場合

個人施行者以外の施行者は、換地計画を定める場合、**換地計画を2週間公衆の縦覧**に供しなければなりません。個人施行者の場合は、さほど規模が大きくないこともあり、換地計画を公衆の縦覧に供する必要はありません。ただし個人施行者であれば、関係権利者（宅地の所有者・借地権者）の同意が必要です。

## 換地照応の原則

換地計画において換地を定める場合には、換地および従前の宅地の位置や利用状況、環境などが照応する（なるべく同じところに持っていく）ように定めなければなりません。

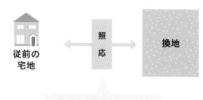

## 換地照応の原則の例外

宅地の所有者の申出または同意があったら、宅地の全部または一部について換地を定めないとすることも可能です。このことを換地不交付といいます。ただし、換地を定めない宅地に、賃借権や地上権などの使用収益権を有する者がある場合は、換地を定めないことについて同意を得なければなりません。なお、換地を定めなかった宅地の所有者に対しては、清算金が交付されます。

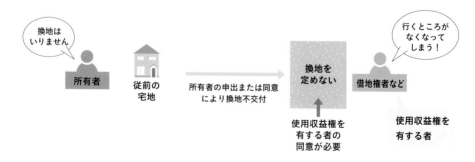

ココに注意！

抵当権の場合は、使用収益権になりません。そのため、抵当権者の同意を得る必要はありません。抵当権は最終的に換地に移ることになります。

●換地計画の手続きについてのまとめ

| | | 必要な手続き | 土地区画整理審議会の意見 | 換地計画の公衆の縦覧（2週間） | 知事の認可 |
|---|---|---|---|---|---|
| 民間施行 | ①個人施行 | 宅地の所有者・借地権者等全員の同意が必要 | － | － | 必要 |
| | ②土地区画整理組合 | 総会の承認の議決が必要 | － | 必要 | 必要 |
| | ③区画整理会社 | 所有者、借地権者の$\frac{2}{3}$以上の同意が必要 | － | 必要 | 必要 |
| 公的施行 | ④国土交通大臣 | － | 必要 | 必要 | － |
| | ⑤都道府県 | － | 必要 | 必要 | － |
| | ⑥市町村 | － | 必要 | 必要 | 必要 |
| | ⑦都市再生機構 | － | 必要 | 必要 | 必要 |
| | ⑧地方住宅供給公社 | － | 必要 | 必要 | 必要 |

ココに注意！

民間施行の場合は、土地区画整理審議会はありません。土地区画整理審議会があるのは、公的施行の場合のみです。

## 過去問 ①

（平成26・問20-1）

 施行者は、宅地の所有者の申出又は同意があった場合においては、その宅地を使用し、又は収益することができる権利を有する者に補償をすれば、換地計画において、その宅地の全部又は一部について換地を定めないことができる。

   換地を定めない宅地またはその一部について地上権や賃借権等の宅地を使用し、または収益することができる権利を有する者があるときは、施行者は換地を定めないことについてその権利者の同意を得なければなりません。同意がなくても補償さえすればいいというわけではありません。

## 過去問 ②

（令和2(12月)・問20-3）

 換地計画において換地を定める場合においては、換地及び従前の宅地の位置、地積、土質、水利、利用状況、環境等が照応するように定めなければならない。

  換地照応の原則です。換地と従前の宅地の位置、地積、土質、水利、利用状況、環境等が照応するように定めなければなりません。

# 5 仮換地の指定等

## [1] 仮換地の指定

換地計画は最終段階で換地処分をすることになりますが、換地処分までの期間は長いものとなります。そこで、土地区画整理事業（工事）を行うために従前の宅地からいちど離れてもらい、仮の土地を指定して土地の権利者にはその場所を使ってもらう措置をとることがあります。これを「仮換地」といいます。仮換地が指定された場合、従前の宅地の使用収益権は仮換地に移ることになります。ただし、所有権は従前の宅地に残ります。通常、仮換地は将来換地となる土地に設定されることが多いようです。

●仮換地の指定
例）B所有の乙地が、A所有の甲地の仮換地として指定された場合

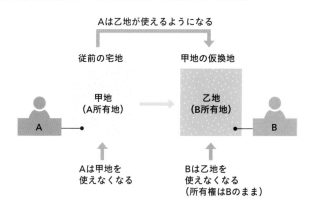

Aは乙地が使えるようになる

従前の宅地　　　　甲地の仮換地

甲地
（A所有地）

乙地
（B所有地）

A

B

Aは甲地を
使えなくなる

Bは乙地を
使えなくなる
（所有権はBのまま）

## ■仮換地が行われると、所有者の呼び方が変わります

●従前の宅地の所有者（上記図のAのこと）
　⇒従前の宅地の権原に基づき使用収益できる者
　　仮換地となった乙地を甲地と同じように使用できます。

●仮換地に指定された宅地の所有者（上記図のBのこと）
　⇒仮換地につき権原に基づき乙地を使用収益できる者
　　乙地の所有者ですが、仮換地となった乙地を使うことができなくなります。

●B所有の乙地が、A所有の甲地の仮換地として指定された場合の使用収益権、所有権

使用収益権と所有権が分離します。仮換地の時点で、所有権を取得するわけではありません。

| | 使用収益権 | 所有権 |
|---|---|---|
| 甲地 | 施行者管理地<sup>(☆)</sup>になった | A |
| 乙地 | A | B |

☆仮換地の指定などによって、使用収益できる者がいなくなった従前の宅地については、
　いなくなった時から換地処分の公告がある日までは、施行者がその土地を管理します。

利用権等の場合
・所有権移転や抵当権設定の登記をするのは、甲地について行う
・建物の建築を行うのは、使用収益できる乙地について行う

ココに注意！

従前の宅地に借地権者などがいる場合、借地権者は、仮換地についても従前の宅地と同じ使用収益ができるようになります。

過去問を解こう

(平成28・問21-1)

Q 施行者は、換地処分を行う前において、換地計画に基づき換地処分を行うため必要がある場合においては、施行地区内の宅地について仮換地を指定することができる。

A ◯ 換地計画に基づき換地処分を行ううえで必要な場合は、施行地区内の宅地について仮換地を指定できます。

## ［2］仮換地の通知

施行者は仮換地の指定をしたときは、その仮換地となるべき土地の所有者および従前の宅地の所有者に対して、仮換地の位置や地積、仮換地の指定の効力発生の日を通知します。この場合、仮換地となる土地または従前の宅地について借地権者などの使用収益権を有する者がある場合は、そちらにも通知をしなければなりません。

**仮換地の通知事項**
① 仮換地の位置や地積
② 仮換地の指定の効力発生の日

ココに注意！

仮換地の指定の通知は、使用収益権を有する者に対して行う必要はありますが、抵当権者への通知は必要ありません。

## ［3］仮換地の指定の効果

仮換地が指定の効力発生の日から、換地処分の公告日までの間、従前の宅地の所有者、借地権者などは、従前の宅地の使用収益はできなくなり、仮換地を使用収益することになります。

● 仮換地の指定の効果
例）A所有の甲地およびB所有の乙地に、それぞれ仮換地が指定された場合

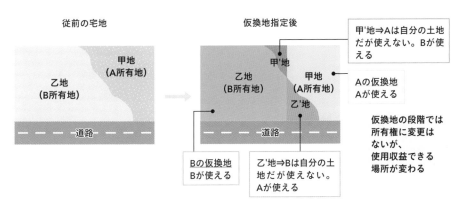

仮換地の効力発生日から換地処分の公告がある日まで
・元の土地は使えなくなり、仮換地に指定された新しい土地が使用収益できるようになる
　⇒この段階では所有権は元の土地のまま
・自分の土地が他人の仮換地に指定されると、自分の土地でも使えなくなる
　⇒この段階では、所有権は失っていない

このことを、法律や問題文などでは次のように表現しています。
以下の「従前の宅地につき権原に基づき使用収益できる者」「仮換地につき権原に基づき
使用収益できる者」の意味について、しっかり理解してください。
①従前の宅地につき、権原に基づき使用収益することができる者は、従前の宅地を使用
　収益できなくなる
　⇒「権原に基づき使用収益できる」とは、たとえば所有権に基づき使用収益できる者と
　　いう意味です。
②仮換地につき権限に基づき使用収益できる者は、仮換地を使用収益できなくなる
　⇒自分の土地が他人の仮換地に割り当てられた者（仮換地につき権限に基づき使用収
　　益できる者）は、その土地を使用有益できなくなります。
③従前の宅地につき権原に基づき使用収益することができる者は、仮換地を使用収益できる
　⇒従前の宅地について、所有権や借地権などの権限を持っていた者は、割り当てられ
　　た仮換地を従前の宅地と同じように使用することができます。

---

時系列でみると

例）仮換地指定の効力発生日と使用収益開始日が同じ場合

同じタイミング
仮換地の指定の効力発生日
＝
仮換地の使用収益開始日

換地処分の公告

従前の宅地

Aは従前の宅地の甲地
を使用収益できる

従前の宅地　　　　仮換地

Aは仮換地の乙地を使用収益できるが、従前の宅
地の甲地は使用収益できない

## ■使用収益開始日を別に定める場合

施行者は、指定した仮換地に使用または収益の障害となる物件が存在しているなどの事情
がある場合には、仮換地の使用収益を開始できる日を仮換地の指定の効力発生の日と別に
定めることができます。

時系列でみると

例）仮換地の使用収益開始日を別に定める場合

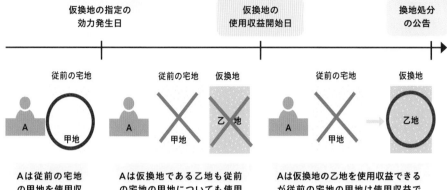

従前の宅地も仮換地も使えない期間の損失補償

仮換地の使用収益開始日が別に定められた場合は、従前の宅地も仮換地も使用できなくなります。この場合、施行者は、従前の宅地の所有者に対して損失補償をしなければなりません。

過去問を解こう

（平成28・問21-2）

 仮換地が指定された場合においては、従前の宅地について権原に基づき使用し、又は収益することができる者は、仮換地の指定の効力発生の日から換地処分の公告がある日まで、仮換地について、従前の宅地について有する権利の内容である使用又は収益と同じ使用又は収益をすることができる。

   従前の宅地について権原に基づき使用し、または収益することができる者、つまり従前の宅地の所有者、借地権者は、仮換地指定の効力発生の日から、換地処分の公告がある日まで、仮換地について従前の宅地と同様の使用収益をすることができます。

## ［4］仮清算

施行者は、仮換地を指定した場合や使用収益を停止させた場合に、必要があれば、仮に算出した仮清算金を、清算金の徴収または交付の方法により、徴収または交付することができます。

# 6 換地処分

## ［1］換地処分とは

土地区画整理事業の最終段階において、工事が終わった後に、換地処分が行われます。換地処分は、従前の宅地の所有者などに対し、従前の宅地に代わる土地（換地）を割り当て、その土地に従前の権利を帰属させる処分を行うことです。簡単にいうと換地処分とは、「従前の宅地と換地を交換する」ということです。

## ［2］換地処分の時期

換地処分は、換地計画に係る区域の全部について**土地区画整理事業の工事が完了した後に、遅滞なく行わなければなりません。**

☆ただし、規準、規約、定款または施行規程に別段の定めがある場合においては、区域の全部について工事が完了する前でも、換地処分ができます。

＼ 過去問を解こう ／

（令和4・問20-2）

 **Q** 土地区画整理組合は、定款に別段の定めがある場合においては、換地計画に係る区域の全部について工事が完了する以前においても換地処分をすることができる。

 **A** **○** 原則として土地区画整理事業の工事が完了した後に、遅滞なく換地処分を行いますが、別段の定めがある場合は工事完了前に行うこともできます。

# ［3］換地処分の通知・公告

換地処分を行うには、施行者が関係権利者に換地計画において定められた関係事項を通知します。換地処分があったときには、都道府県知事（国土交通大臣が施行者の場合は国土交通大臣）は換地処分の公告をします。

●換地処分の通知と公告の違い

| 通知 | 施行者が関係権利者に換地計画において定められた関係事項を**通知** |
|---|---|
| 公告 | 換地処分があった場合は、都道府県知事（国土交通大臣が施行者の場合は国土交通大臣）が換地処分の**公告**をする |

＼過去問を解こう／                                （平成25・問20-2）

 換地処分は、施行者が換地計画において定められた関係事項を公告して行うものとする。

   換地計画において定められた関係事項を公告するのではなく、「通知」して行います。間違えやすい点なので、注意しましょう。

# ［4］換地処分の効果

換地処分の公告が行われた後から、換地処分の効果が生じることになります。換地処分の効果とは、要するに「換地が行われた後にどうなるか」ということです。効果が生じるタイミングは、公告があった日が終了したときと、公告があった日の翌日と2パターンがあります。それぞれの違いを押さえておきましょう。

●換地処分の効果

| 午後12時(24時)<br>換地処分の公告があった日が終了した時 | 午前0時<br>換地処分の公告があった日の翌日 |
|---|---|
| ・換地を定めなかった従前の宅地について存する権利が消滅する<br>・事業の施行により行使する利益のなくなった地役権が消滅する | ・換地計画で定められた換地は、従前の宅地とみなされる<br>・従前の宅地について存した所有権、地上権、借地権等は換地に移る<br>・行使する利益のある地役権は従前の宅地に存する<br>・清算金が確定する<br>・保留地は施行者が取得する<br>・公共施設は原則として市町村の管理に帰属する |

過去問を解こう

(平成21・問21-4)

 換地処分の公告があった場合においては、換地計画において定められた換地は、その公告があった日の翌日から従前の宅地とみなされ、換地計画において換地を定めなかった従前の宅地について存する権利は、その公告があった日が終了した時において消滅する。

   問題文のとおり、換地を定めなかった従前の宅地に存する権利（換地不交付の場合）は、公告があった日が終了した時に消滅します。

# ■換地処分の効果の例（換地処分の公告があった日の翌日）

## ①従前の宅地の権利

### （1）所有権など

⇒従前の宅地について存した所有権、地上権、借地権等は、換地に移ります。

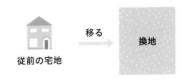

従前の宅地　移る　換地

所有権、地上権、借地権等

### （2）地役権

⇒地役権は、原則として換地処分の公告後も消滅しません。ただし、行使する利益のなくなった地役権は消滅することになります。

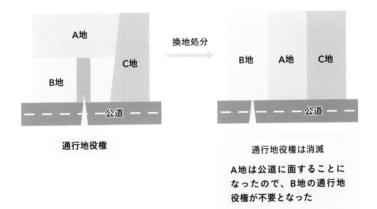

A地　C地　B地　換地処分　B地　A地　C地

公道　公道

通行地役権

通行地役権は消滅

A地は公道に面することになったので、B地の通行地役権が不要となった

ココに注意！

従前の宅地の地役権は、換地処分についての公告があった日の翌日以後も、従前の宅地の上に存することになります。たとえば、水道管などが通っている場合です。

## ②清算金の確定

⇒施行者が、確定した清算金を徴収または交付します。従前の宅地より換地の面積・価格が減っていれば、その差額を支払い、増えていれば、その分を徴収します。つまり、不公平が生じないよう、清算金で調整をするのです。

**例）従前の宅地よりも、換地の面積・価格ともに減っている場合**

差額分は清算金として200万円をもらえる

## ③保留地の取得

⇒施行者が保留地を取得します。その後、第三者に売却し、事業の費用に充てます。

## ④公共施設の管理

⇒区画整理により作られた公共施設は、所在地の市町村が管理することになります。

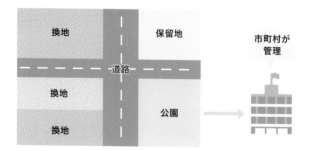

## ［5］換地処分に伴う登記

換地処分の公告があった場合、施行者は直ちにその区域を管轄する登記所に通知を行います。また、土地区画整理事業によって土地や建物の権利に変動があった場合は、遅滞なくその変動に係る登記の申請または嘱託をしなければなりません。なお、換地処分の公告があった後は、権利変動に係る登記がされるまでの間は、原則として他の登記はできません。

# 7 保留地の指定

## ［1］保留地とは

換地計画で換地として定めない土地が保留地です。換地処分の公告があった日の翌日に施行者が取得し、その後第三者に売却されることになります。

●保留地を指定できる場合

| 施行者 | | 保留地を定められる場合 |
|---|---|---|
| 民間施行 | ①個人施行<br>②土地区画整理組合<br>③土地区画整理会社 | ・土地区画整理事業の費用に充てるため<br>・規準・規約もしくは定款で定める目的のため<br>☆どちらの目的でもよい。 |
| 公的施行 | ④国土交通大臣<br>⑤都道府県<br>⑥市町村<br>⑦都市再生機構<br>⑧地方住宅供給公社 | ・土地区画整理事業の費用に充てるため<br>☆土地区画整理事業施行後の宅地の価格の総額と施行前の宅地の価格の総額で差額が出た場合、その差額の範囲内でのみ保留地を定めることができる。<br>☆土地区画整理審議会の同意を得ていることが必要。 |

### ココに注意！

公的施行の場合、保留地の設定に大きな規制がかかります。たとえば、道路が狭くて使い勝手の悪い2億円の土地が、土地区画整理事業を行ったことで、道路が広くなり使い勝手が良くなったとしましょう。その結果、土地の価格が2億3,000万円になったら、施行前との差額の3,000万円の範囲内で保留地を定めることになるのです。

講義7

# 宅地造成及び特定盛土等規制法

傾斜地などでの宅地造成に伴う災害や危険な盛土等を規制する法律です。
この法律では、一定の場所で宅地造成や特定盛土等を行う場合に、
許可や届出を必要としています。
宅地造成や特定盛土等の意味をはじめ、
許可制、届出制の違いを理解しておきましょう。

# 1 宅地造成及び特定盛土等規制法

## ［1］宅地造成及び特定盛土等規制法とは

宅地造成（切土・盛土）や特定盛土等または土石の堆積に伴うがけ崩れや土砂流出などの災害防止のために必要な規制を行い、国民の生命と財産を保護するための法律です。

●宅地造成のイメージ

⇒宅地造成を行う際には、従前の傾斜地の地盤を切り崩し、土を切り出して表面を平らにする「切土」や、土を盛って表面を平らにする「盛土」といった工事を行います。安全性に欠ける「切土」や「盛土」だと、その上に建てた家が傾きやすくなったりするだけでなく、がけ崩れや土砂流出が起こりやすくなります。

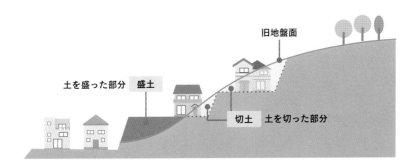

旧地盤面

土を盛った部分　盛土

切土　土を切った部分

# 2 宅地と宅地造成、特定盛土等

## ［1］宅地とは

宅地造成及び特定盛土等規制法での「宅地」は、農地や採草放牧地、森林といった土地以外が該当します。

---

**宅地に該当しない土地**

①農地、採草放牧地、森林（農地等）

②道路、公園、河川など、一定の公共施設（国または地方公共団体が管理する学校、運動場、墓地等）で使われる土地（公共施設用地）

---

153

**ココに注意！**

宅地造成及び特定盛土等規制法では、ゴルフ場や工場の敷地なども宅地となります。建物の敷地に使われる土地だけに限りません。法律によって「宅地」の定義が違うのです。

## ［2］宅地造成と特定盛土等

**宅地造成とは、宅地以外の土地を宅地にするために行う盛土その他の土地の形質の変更のこと**です。一方、特定盛土等は、宅地または農地等において行う盛土その他の土地の形質の変更で、宅地や農地等に隣接し、または近接する宅地において災害を発生させるおそれが大きい2m超のものです。土地の形質の変更に該当するものは、①盛土、②切土、③盛土・切土、④面積500㎡超の盛土・切土の4パターンがあります。これらの工事を宅地造成等工事規制区域や特定盛土等規制区域で行う場合は、都道府県知事（指定都市、中核市では当該市の長。以下都道府県知事という）の許可または届出が必要です。

**ココに注意！**

宅地造成及び特定盛土等規制法での都道府県知事とは、知事および「指定都市、中核市、施行時特例市では当該市の長」のことです。

## ■許可等が必要となる盛土・切土の規模

### ①盛土

・宅地造成等工事規制区域
⇒高さが1m超のがけを生ずるもの(許可)
・特定盛土等規制区域
⇒高さが2m超のがけを生ずるもの(許可)
⇒高さが1m超のがけを生ずるもの(届出)

### ②切土

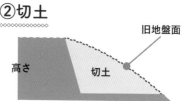

・宅地造成等工事規制区域
⇒高さが2m超のがけを生ずるもの(許可)
・特定盛土等規制区域
⇒高さが5m超のがけを生ずるもの(許可)
⇒高さが2m超のがけを生ずるもの(届出)

## ③盛土・切土(①と②を除く)

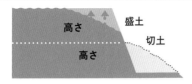

切土と盛土を同時に行う場合
- **宅地造成等工事規制区域**
⇒高さが2m超のがけを生ずるもの(許可)
- **特定盛土等規制区域**
⇒高さが5m超のがけを生ずるもの(許可)
⇒高さが2mのがけを生ずるもの(届出)

## ④盛土(①と③を除く)

- **宅地造成等工事規制区域**
⇒高さが2m超のがけを生ずるもの(許可)
- **特定盛土等規制区域**
⇒高さが5m超のがけを生ずるもの(許可)
⇒高さが2m超のがけを生ずるもの(届出)

## ⑤盛土・切土の面積

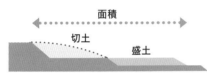

①~④に該当しない切土または盛土で
- **宅地造成等工事規制区域**
⇒面積が500㎡超となるもの(許可)
- **特定盛土等規制区域**
⇒面積が3,000㎡超となるもの(許可)
⇒面積が500㎡超となるもの(届出)

**ココに注意!**

土を盛って作る盛土よりも、斜面を切り取る切土のほうが一般的に丈夫です。

**用語解説 がけ**
地表面が水平面に対して30度を超える
角度で傾斜している土地のことです。が
け面とは、その地表面のことをいいます。

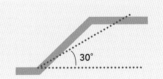

●宅地造成

**宅地造成に該当するのは、あくまで変更目的が宅地の場合のみ**です。宅地以外の土地にする目的で、土地の形質の変更をすることは、宅地造成にあたりません。

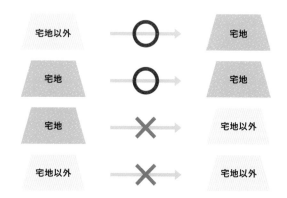

（平成27・問19-4・改）

## 過去問を解こう

 宅地造成等工事規制区域内において、宅地を造成するために切土をする土地の面積が500㎡であって盛土が生じない場合、切土をした部分に生じる崖の高さが1.5mであれば、都道府県知事の許可は必要ない。

  **○** 切土をする面積が500㎡超で、切土をした部分に生じるがけの高さが2m超であれば、都道府県知事の許可が必要です。本問の場合、切土の面積が500㎡で、がけの高さが1.5mなので、許可は不要となります。

●許可または届出が必要な行為

| 区域 | 宅地造成等工事規制区域 | 特定盛土等規制区域 |
|---|---|---|
| 行為 | 土地の区画形質の変更（盛土・切土） | 土地の区画形質の変更（盛土・切土） |
| 届出 | — | ①盛土で高さ1m超の崖<br>②切土で高さ2m超の崖<br>③盛土と切土を同時に行って、高さ2m超の崖（①、②を除く）<br>④盛土で高さ2m超（①、③を除く）<br>⑤盛土または切土の面積500㎡超（①～④を除く） |
| 許可 | ①盛土で高さ1m超の崖<br>②切土で高さ2m超の崖<br>③盛土と切土を同時に行って、高さ2m超の崖（①、②を除く）<br>④盛土で高さ2m超（①、③を除く）<br>⑤盛土または切土の面積500㎡超（①～④を除く） | ①盛土で高さ2m超の崖<br>②切土で高さ5m超の崖<br>③盛土と切土を同時に行って、高さ5m超の崖（①、②を除く）<br>④盛土で高さ5m超（①、③を除く）<br>⑤盛土または切土の面積3,000㎡超（①～④を除く） |

# 3 宅地造成等工事規制区域内の規制

## ［1］宅地造成等工事規制区域

宅地造成や特定盛土等または土石の堆積（以下、宅地造成等）に伴い、災害が生ずるおそれが大きい市街地または市街地となろうとする土地の区域または集落の区域等（市街地等区域）を、「**宅地造成等工事規制区域**」として都道府県知事（**一定の市長も含まれます**）**が指定**することができます。この区域の指定は都道府県等の公報で公示されます。なお、宅地造成等工事規制区域は、都市計画区域外にも指定することが可能です。

●宅地造成等工事規制区域の指定手続き

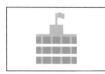 都道府県知事は

 宅地造成等に伴い災害が生ずるおそれが大きい市街地または市街地となろうとする土地の区域を

関係市町村長の意見を聴いて指定

 宅地造成等工事規制区域として指定できる

ココに注意！

 宅地造成等工事規制区域として指定するために、調査が必要な場合、他人の占有する土地であっても立ち入ることができます。

# ［2］宅地造成等に関する工事の許可

宅地造成等工事規制区域内で行われる宅地造成等に関する工事を行う場合、**工事主は、工事に着手する前に、国土交通省令で定めるところにより、都道府県知事の許可を受けなければなりません。** また、許可の申請前に、周辺住民の説明会などを行い、工事の内容を周知させる必要があります。

### 例外

● 国または都道府県・指定都市もしくは中核市が行う工事（都道府県知事との協議の成立をもって許可とみなす）。
● 開発許可を得て行う工事

 **工事主**
宅地造成等に関する工事の請負契約の注文者や請負契約によらずに自ら工事をする者のことです。なお、工事の請負人は工事主ではありません。

### 許可または不許可の通知

都道府県知事は許可の申請があったときは、遅滞なく、許可または不許可の処分を文書で申請者に通知します。

### 許可の条件

都道府県知事は、工事の許可に、工事の施行に伴う災害を防止するため必要な条件を付することができます。つまり条件を付加することで、より安全性を高めようということです。

### ココに注意！

 条件を付ける場合は「災害を防止する」目的のものだけです。「騒音防止」などの条件は付けられません。

**Q** 宅地造成等工事規制区域内において行われる宅地造成等に関する工事について許可をする都道府県知事は、当該許可に、工事の施行に伴う災害を防止するために必要な条件を付することができる。

**A** 〇 都道府県知事は工事の許可に、工事の施行に伴う災害を防止するために必要な条件を付することができます。

## ［3］工事の技術的基準

宅地造成等工事規制区域内で行われる宅地造成等に関する工事は、政令で定める技術的基準に従って、擁壁や排水施設などの施設の設置やその他宅地造成等に伴う災害を防止するために必要な措置が講じられたものでなければなりません。

●擁壁（ようへき）
切土や盛土の斜面の土が崩れないよう抑えている構造物のこと

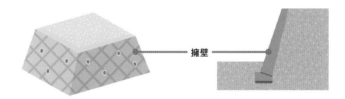

擁壁

●排水施設
地表水などによりがけ崩れがおこらないように、自然流下を排除するための排水施設のこと

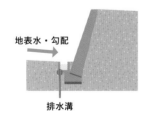

地表水・勾配

排水溝

☆ここでいう地表水とは、雨水などのことです。

**技術的基準の例**
・がけの反対側に地表水が流れるように勾配をつける
・切土をした地盤にすべりを防止するため、地滑り抑止ぐい等をつける

## ［4］設計者の資格

宅地造成等工事規制区域内で宅地造成等を行う場合において、下記の①②の工事については、一定の資格を有する者の設計でなければなりません。

**一定の資格を有する者の設計が必要な工事**
①高さが5mを超える擁壁の設置
②切土または盛土をする土地の面積が1,500㎡を超える土地における排水施設の設置

### ＼ 過去問を解こう ／

（平成28・問20-2・改）

 宅地造成等工事規制区域内において、切土又は盛土をする土地の面積が600㎡である場合、その土地における排水施設は、政令で定める資格を有する者によって設計される必要はない。

   切土または盛土をする土地の面積が600㎡であれば、その土地における排水施設の設計は、政令で定める資格を有する者でなくてもかまいません。1,500㎡を超える場合は、有資格者である必要があります。

## ［5］変更の許可等

宅地造成等に関する工事の許可を受けた者が、工事の計画の変更をしようとすると
きは、都道府県知事の許可をあらためて受けなければなりません。軽微な変更であ
れば許可は不要ですが、遅滞なく、その旨を都道府県知事に届け出なければなりま
せん。

**軽微な変更にあたるもの**
・工事主、設計者または工事施行者の変更
・工事の着手予定年月日または完了予定年月日の変更　など

## ［6］工事完了の検査

宅地造成等に関する工事が完了した場合には、その工事が技術的基準に適合してい
るかどうか、都道府県知事の検査を申請しなければなりません。都道府県知事は、
工事が技術的基準に適合していると認めた場合には、許可を受けた者に検査済証を
交付します。

### 過去問を解こう

（令和2年（10月）・問19-4・改）

 **Q** 宅地造成等に関する工事の許可を受けた者が、工事施行者を変更する場合
には、遅滞なくその旨を都道府県知事に届け出ればよく、改めて許可を受
ける必要はない。

 **A** **○** 工事施行者の変更は軽微な変更にあたるため、都道府
県知事への届出のみでかまいません。許可は不要です。

# 4 工事等の届出

## [1] 届出について

宅地造成等工事規制区域内では、許可が不要であっても、次の①〜③については都道府県知事への届出が必要となります。

●工事等の届出

| 届出の対象となる行為 | 届出をする者 | 届出期間 |
|---|---|---|
| ①宅地造成等工事規制区域の指定の際に、現に行っている宅地造成等工事 | 工事主 | 区域の指定があった日から21日以内 **事後届出** |
| ②擁壁や排水施設等の除却工事 | 工事を行おうとする者 | 工事に着手する日の14日前まで **事前届出** |
| ③公共施設用地を宅地または農地等に転用 | 転用した者 | 転用した日から14日以内 **事後届出** |

●②の擁壁や排水施設等の除却工事とは、高さが2mを超える擁壁や地表水等を排除するための排水施設等の全部または一部の除却工事のことをいいます。

＼過去問を解こう／

（平成28・問20-3・改）

 宅地造成等工事規制区域内の宅地において、高さが2mを超える擁壁を除却する工事を行おうとする者は、一定の場合を除き、その工事に着手する日の14日前までにその旨を都道府県知事に届け出なければならない。

   高さが2mを超える擁壁を除却する工事を行う場合、工事に着手する日の14日前までに都道府県知事に届け出る必要があります。

# 5 土地の保全義務

## [1] 土地の保全義務

宅地造成等工事規制区域内の土地の所有者、管理者、占有者は、宅地造成等（宅地造成工事規制区域の指定前に行われたものを含む）に伴う災害が生じないよう、**その土地を常時安全な状態**に維持するように努めなければなりません。

| | |
|---|---|
| 勧告 | 都道府県知事は、宅地造成等工事規制区域内の土地で、宅地造成等に伴う災害の防止のための必要があると認める場合 <br> ↓ <br> 土地の所有者、管理者、占有者、工事主または工事施行者に対して、擁壁等の設置または改造、宅地造成等に伴う災害の防止に必要な措置をとることを勧告できる |
| 改善命令 | 都道府県知事は、宅地造成等工事規制区域内の土地で、災害発生のおそれが大きいと認められる場合 <br> ↓ <br> 災害防止のために必要で、土地の利用状況等からみて相当であると認められる限度において、土地または擁壁等の所有者、管理者または占有者に対して、相当の猶予期限を設けて、擁壁等の設置・改造または地形や盛土の改良または土石の除却のための工事、つまり改善を命ずることができる |

＼過去問を解こう／

（平成27・問19-1・改）

 都道府県知事は、宅地造成工事等規制区域内の土地について、宅地造成等に伴う災害を防止するために必要があると認める場合には、その土地の所有者に対して、擁壁等の設置等の措置をとることを勧告することができる。

 都道府県知事は土地の所有者、管理者、占有者などに対して、擁壁等の設置等の災害防止のための措置を勧告できます。

# 6 造成宅地防災区域

## [1] 造成宅地防災区域の指定

都道府県知事は、関係市町村長の意見を聴いて、宅地造成または特定盛土等（宅地において行うものに限る）に伴う災害で相当数の居住者等に危害を生ずるものの発生のおそれが大きい一団の造成宅地（**宅地造成等工事規制区域内の土地を除く**）の区域を、造成宅地防災区域として指定することができます。なお「造成宅地」は、宅地造成に関する工事が施行された宅地のことです。

● 宅地造成等工事規制区域と造成宅地防災区域

造成宅地防災区域とは、傾斜面などを工事してすでに宅地化したところで、がけ崩れなどがおこる危険性が高い区域として指定されます。改善命令などで対策が講じられ、安全性が確保されると指定は解除されます。宅地造成等工事区域では、特に造成宅地防災区域を指定しなくても改善命令が出せるので、造成宅地防災区域を指定する必要はありません。

### ココに注意！

 造成宅地防災区域内で宅地造成工事を行う場合、都道府県知事の許可は不要です。

### 過去問を解こう

(平成24・問20-4・改)

**Q** 都道府県知事は、関係市町村長の意見を聴いて、宅地造成等工事規制区域内で、宅地造成等に伴う災害で相当数の居住者等に危害を生ずるものの発生のおそれが大きい一団の造成宅地の区域であって一定の基準に該当するものを、造成宅地防災区域として指定することができる。

  造成宅地防災区域は、宅地造成等工事規制区域外で、一定の基準に該当するものが対象です。宅地造成等工事規制区域内では指定されません。

# 〔2〕造成宅地防災区域の指定解除

都道府県知事は、擁壁等の設置または改造など災害防止のため必要な措置を講ずることで指定の事由がなくなったと認める場合は、その区域の全部または一部について指定を解除できます。

# 〔3〕災害の防止のための措置

造成宅地防災区域内の造成宅地の所有者、管理者、占有者は、災害が生じないよう、その造成宅地について擁壁等の設置または改造など、必要な措置を講ずるように努めなければなりません。

| 勧告 | 都道府県知事は、造成宅地防災区域内の造成宅地について、宅地造成または特定盛土等に伴う災害の防止のため必要があると認める場合<br>⬇<br>造成宅地の**所有者、管理者または占有者に対し**、擁壁等の設置または改造その他必要な措置をとることを**勧告することができる** |
|---|---|
| 改善命令 | 都道府県知事は、造成宅地防災区域内の造成宅地で、宅地造成または特定盛土等に伴う災害の発生のおそれが大きいと認められる場合<br>⬇<br>災害防止のために必要で、土地の利用状況等からみて相当であると認められる限度において、造成宅地または擁壁等の**所有者、管理者または占有者に対して**、相当の猶予期限を設けて、擁壁等の設置・改造または地形や盛土の改良のための工事、つまり**改善を命ずることができる** |

● 宅地造成等工事規制区域と造成宅地防災区域の措置の主な共通点

| | 災害防止の措置を努める者 | 知事の保全勧告の対象 | 知事の改善命令の対象 | 工事状況報告要求の対象 |
|---|---|---|---|---|
| 宅地造成等工事規制区域 | 所有者・管理者・占有者 | 所有者・管理者・占有者 | | |
| 造成宅地防災区域 | 上と同じ | 上と同じ | | |

☆宅地造成等工事規制区域内の宅地には、規制区域指定前に宅地造成された宅地も含まれます。

# ７ 特定盛土等規制区域

## ［1］特定盛土等規制区域の指定

都道府県知事は、**宅地造成等工事規制区域以外の土地の区域**で、土地の傾斜度、渓流の位置その他の自然的条件および周辺地域における土地利用の状況その他の社会的条件からみて、その区域内の土地で**特定盛土等または土石の堆積が行われた場合**には、これに伴う**災害により市街地等区域やその他の区域の居住者等の生命または身体に危害を生ずるおそれが特に大きいと認められる区域**を、**特定盛土等規制区域として指定**できます。宅地造成等規制区域には特定盛土等規制区域は指定されません。なお、特定盛土等規制区域に指定された場合は、**盛土等の規模により届出か許可が必要**です。

## ［2］特定盛土等または土石の堆積に関する工事の届出等

特定盛土等規制区域内において、p157の表で示した**届出が必要な工事を行う場合は、届出が必要になります。許可の特例や変更の届出についても確認しておきましょう。

●工事の届出に関する事項のまとめ

| 工事の届出 | 工事主は**工事に着手する日の30日前**までに都道府県知事に届出が必要 |
|---|---|
| 勧告 | 都道府県知事は届出があった場合、届出に係る工事の計画について特定盛土等または土石の堆積に伴う災害の防止のため必要があると認める場合<br>↓<br>**届出を受理した日から30日以内に限り**、届出をした者に対し、工事の計画の変更やその他必要な措置をとるべきことを**勧告できる**。そして、都道府県知事は、この勧告を受けた者が、正当な理由がなく勧告に係る措置をとらなかったときは、その者に対し、相当の期限を定めて、措置をとるべきことを命ずることができる |
| 開発許可による場合 | 特定盛土等規制区域内において行われる特定盛土等について**開発許可申請**をした場合<br>↓<br>特定盛土等に関する工事については、届出をしたものとみなす |
| 変更の届出 | 軽微な変更を除き、工事の変更をしようとするものは、**工事の着手30日前**までに**都道府県知事に届出**が必要 |

167

特定盛土等規制区域内において、p157の表で示した許可が必要な工事を行う場合の特例や変更の届出について必要となる事項を確認しておきましょう。

●工事の許可に関する事項のまとめ

| | |
|---|---|
| 住民への周知 | 特定盛土等規制区域内で、許可が必要となる工事を行う工事主は住民説明会などで周辺住民への工事についての周知を行わなければならない |
| 条件 | 許可をするにあたって、都道府県知事は、工事の施行に伴う災害を防止するため必要な条件を付けることができる。あくまでも災害を防止するための条件なので、ほかの条件は付けられない |
| 許可の特例 | 国または都道府県、指定都市、中核市が特定盛土等規制区域内において行う特定盛土等または土石の堆積に関する工事について<br>⬇<br>これらの者と都道府県知事との協議が成立することをもって許可があったものとみなす。また、特定盛土等規制区域内において行われる特定盛土等について開発許可を受けた場合は、当該特定盛土等に関する工事について許可を得たものとみなす |
| 変更の許可 | 軽微な変更を除き、工事の変更をしようとする場合は変更の許可が必要 |
| 工事の届出 | 特定盛土等規制区域の指定の際、特定盛土等規制区域内において行われている特定盛土等または土石の堆積に関する工事の工事主は、**指定があった日から21日以内**に、**都道府県知事に届出**が必要 |

# ［4］土地の保全等

特定盛土等規制区域内の土地の所有者、管理者または占有者は、特定盛土等または土石の堆積（特定盛土等規制区域の指定前に行われたものを含む）に伴う災害が生じないよう、その土地を常時安全な状態に維持するように努めなければなりません。

| | |
|---|---|
| 勧告 | 都道府県知事は、特定盛土等規制区域内の土地について、特定盛土等または土石の堆積に伴う災害の防止のため必要があると認める場合<br><br>⬇<br><br>特定盛土等規制区域内の土地の所有者、管理者、占有者、工事主または工事施行者に対し、擁壁等の設置や改造その他特定盛土等または土石の堆積に伴う災害の防止のため、必要な措置をとることを勧告することができる |
| 改善命令 | 都道府県知事は、特定盛土等規制区域内の土地で、特定盛土等に伴う災害の防止のため必要な擁壁等が設置されていないなど、特定盛土等または土石の堆積に伴う災害の発生のおそれが大きいと認められるものがある場合<br><br>⬇<br><br>災害の防止のため必要かつ、土地の利用状況その他の状況からみて相当と認められる限度において、当該特定盛土等規制区域内の土地または擁壁等の所有者、管理者、占有者に対して、相当の猶予期間をつけて擁壁等の設置もしくは改造、地形もしくは盛土の改良または土石の除却のための工事を行うことを命ずることができる |

# 講義8

# その他の法令上の制限

都市計画法や建築基準法等の法令以外にも、
さまざまな法令があります。
この部分は試験対策上、許可権者が誰かを把握することが
大切ですが、ほとんどが「都道府県知事の許可」なので、
それ以外のものを覚えておくとよいでしょう。

# 1 その他の法令上の制限

## [1] 自然公園法

優れた自然の風景地を保護するとともに、その利用の増進を図ることにより、国民の保健、休養および教化に資するとともに、生物の多様性の確保に寄与することを目的とした法律です。

●自然公園法による制限

| 地域・地区 | 許可(届出)が必要な行為 | 許可権者 |
|---|---|---|
| 国立公園<br>特別地域、特別保護地区、<br>海域公園地区内 | ・工作物の新築、改築または増築<br>・鉱物の掘採、土石の採取<br>・広告物の掲出や設置　など | 環境大臣の許可 |
| 普通地域 | 同上 | 環境大臣への届出 |
| 国定公園<br>特別地域、特別保護地区、<br>海域公園地区内 | ・工作物の新築、改築または増築<br>・鉱物の掘採、土石の採取<br>・広告物の掲出や設置　など | 都道府県知事の許可 |
| 普通地域 | 同上 | 都道府県知事への届出 |

# 〔2〕都市緑地法

都市における緑地の保全および緑化の推進に関し必要な事項を定め、良好な都市環境の形成を図り、健康で文化的な都市生活の確保に寄与することを目的とした法律です。

●都市緑地法による制限

| 地域・地区 | 許可(届出)が必要な行為 | 許可権者 |
|---|---|---|
| 緑地保全地域 | ・建築物その他の工作物の新築、改築または増築<br>・宅地の造成、土地の開墾、土石の採取、鉱物の掘採その他の土地の形質の変更<br>・木竹の伐採<br>・水面の埋立てまたは干拓　など | 都道府県知事等に届出 |
| 特別緑地保全地区 | 同上 | 都道府県知事等の許可 |

# 〔3〕生産緑地法

生産緑地地区に関する都市計画に関し必要な事項を定めることにより、農林漁業との調整を図りつつ、良好な都市環境の形成に資することを目的とした法律です。

●生産緑地法による制限

| 地域・地区 | 許可(届出)が必要な行為 | 許可権者 |
|---|---|---|
| 生産緑地地区 | ・建築物その他の工作物の新築、改築または増築<br>・宅地の造成、土石の採取その他の土地の形質の変更<br>・水面の埋立てまたは干拓 | 市町村長の許可 |

# [4] 地すべり等防止法

地すべりおよびぼた山の崩壊による被害を除却し、または軽減するため、地すべりおよびぼた山の崩壊を防止し、国土の保全と民生の安定に資することを目的とした法律です。

●地すべり等防止法の制限

| 地域・地区 | 許可（届出）が必要な行為 | 許可権者 |
|---|---|---|
| 地すべり防止区域 | ・地下水を誘致し、または停滞させる行為で地下水を増加させるもの、地下水の排水施設の機能を阻害する行為。その他地下水の排除を阻害する行為<br>・地表水を放流し、または停滞させる行為その他地表水のしん透を助長する行為　など | 都道府県知事の許可 |
| ぼた山崩壊防止区域 | ・立木竹の伐採または樹根の採取<br>・木竹の滑下または地引による搬出　など | 都道府県知事の許可 |

# [5] 急傾斜地の崩壊による災害の防止に関する法律

急傾斜地の崩壊による災害から国民の生命を保護するため、急傾斜地の崩壊を防止するために必要な措置を講じ、民生の安定と国土の保全とに資することを目的とした法律です。

●急傾斜地の崩壊による災害の防止に関する法律による制限

| 地域・地区 | 許可（届出）が必要な行為 | 許可権者 |
|---|---|---|
| 急傾斜地崩壊危険区域 | ・水を放流し、または停滞させる行為その他水のしん透を助長する行為<br>・ため池、用水路その他の急傾斜地崩壊防止施設以外の施設や工作物の設置または改造<br>・土石の採取または集積　など | 都道府県知事の許可 |

# ［6］土砂災害警戒区域等における土砂災害防止対策の推進に関する法律（土砂災害防止法）

土砂災害から国民の生命を守るため、土砂災害のおそれのある区域について危険の周知、警戒避難体制の整備、住宅などの新規立地の抑制、既存住宅の移転促進等のソフト対策を推進しようとする法律です。

●土砂災害警戒区域等における土砂災害防止対策の推進に関する法律の制限

| 地域・地区 | 許可(届出)が必要な行為 | 許可権者 |
|---|---|---|
| 土砂災害特別警戒区域 | 都市計画法の開発行為で当該開発行為をする土地の区域内において建築が予定されている建築物の用途が制限用途であるもの(特定開発行為)をしようとするとき | 都道府県知事の許可 |

# ［7］津波防災地域づくりに関する法律（津波防災地域法）

津波災害の防止・軽減のため、全国で活用可能な、ハード・ソフトの施策を組み合わせた「多重防御」による「津波防災地域づくり」を推進することを目的とした法律です。

●津波防災地域づくりに関する法律による制限

| 地域・地区 | 許可(届出)が必要な行為 | 許可権者 |
|---|---|---|
| 津波防護施設区域内 | ・津波防護施設以外の施設または工作物の新築、改築<br>・土地の掘削、盛土、切土　など | 津波防護施設管理者の許可 |

# ［8］土壌汚染対策法

土壌の特定有害物質による汚染の状況の把握に関する措置およびその汚染による人の健康被害の防止に関する措置を定めることなどにより、土壌汚染対策の実施を図り、国民の健康を保護することを目的とした法律です。

●土壌汚染対策法による制限

| 地域・地区 | 許可(届出)が必要な行為 | 許可権者 |
|---|---|---|
| 要措置区域 | 何人も、土地の形質の変更をしてはならない。<br>例外<br>ただし、次に掲げる行為については、土地の形質の変更はできる。<br>・都道府県知事から指示を受けた者が指示措置等として行う行為<br>・通常の管理行為、軽易な行為その他の一定の行為<br>・非常災害のために必要な応急措置として行う行為 | ― |
| 形質変更時要届出区域 | 土地の形質の変更をしようとする者は、原則として、当該土地の形質の変更に着手する日の14日前までに、当該土地の形質の変更の種類、場所、施行方法、着手予定日等を都道府県知事に届け出なければならない。<br>例外<br>ただし、次に掲げる行為については、届出は不要<br>・都道府県知事の確認を受けた土地の形質の変更の施行管理方針に基づいて行うもので、特定有害物質による汚染が自然由来または埋立土砂由来で人の健康被害が生ずるおそれがないもの<br>・通常の管理行為、軽易な行為その他の行為であって、環境省令で定めるもの<br>・形質変更時要届出区域が指定された際、既に着手していた行為<br>・非常災害のために必要な応急措置として行う行為 | 都道府県知事に届出 |

法令上の制限

講義8 その他の法令上の制限

# ［9］森林法

森林計画、保安林その他の森林に関する基本的事項を定めて、森林の保続培養と森林生産力の増進とを図り、国土の保全と国民経済の発展とに資することを目的とした法律です。

●森林法による制限

| 地域・地区 | 許可(届出)が必要な行為 | 許可権者 |
|---|---|---|
| 保安林または保安施設地区 | ・立木の伐採<br>・立竹の伐採、立木の損傷<br>・家畜の放牧<br>・下草、落葉または落枝の採取　など | 都道府県知事の許可 |

# ［10］道路法

道路網の整備を図るため、道路に関して、路線の指定および認定、管理、構造、保全、費用の負担区分等に関する事項を定め、交通の発達に寄与し、公共の福祉を増進することを目的とした法律です。

●道路法による制限

| 地域・地区 | 許可(届出)が必要な行為 | 許可権者 |
|---|---|---|
| 道路の占用 | ・電柱、電線、変圧塔、郵便差出箱、公衆電話所、広告塔などの工作物を設置する<br>・水道管、下水道管、ガス管その他の物件を設置する<br>・鉄道、軌道などを設置する<br>・歩廊、雪よけなどを設置する　など | 道路管理者の許可 |
| 道路予定区域 | ・土地の形質の変更<br>・工作物の新築、改築、増築または大修繕<br>・物件の付加増置 | |

# ［11］河川法

河川について、洪水、津波、高潮等による災害の発生が防止され、河川が適正に利用され、流水の正常な機能が維持され、および河川環境の整備と保全がされるようにこれを総合的に管理することにより、国土の保全と開発に寄与し、公共の安全を保持し、かつ、公共の福祉を増進することを目的とした法律です。

●河川法による制限

| 地域・地区 | 許可(届出)が必要な行為 | 許可権者 |
|---|---|---|
| 河川区域、河川保全区域、河川予定地内 | ・土地の掘削、盛土または切土その他土地の形状を変更する行為<br>・工作物の新築または改築　など | 河川管理者の許可 |

# ［12］海岸法

津波、高潮、波浪その他海水または地盤の変動による被害から海岸を防護するとともに、海岸環境の整備と保全および公衆の海岸の適正な利用を図り、国土の保全に資することを目的とした法律です。

●海岸法による制限

| 地域・地区 | 許可(届出)が必要な行為 | 許可権者 |
|---|---|---|
| 海岸保全区域、一般公共海岸区域 | ・土石、砂の採取<br>・土地の掘削、盛土または切土　など | 海岸管理者の許可 |

# ［13］港湾法

交通の発達および国土の適正な利用と均衡ある発展に資するため、環境の保全に配慮しつつ、港湾の秩序ある整備と適正な運営を図るとともに、航路を開発し、および保全することを目的とした法律です。

●港湾法による制限

| 地域・地区 | 許可（届出）が必要な行為 | 許可権者 |
|---|---|---|
| 港湾区域、港湾隣接地域 | ・港湾区域内の水域または公共空地の占用<br>・港湾区域内水域等における土砂の採取<br>・水域施設、外郭施設、係留施設、運河、用水渠、排水渠の建設または改良　など | 港湾管理者の許可 |

# ［14］文化財保護法

文化財を保存し、かつ、その活用を図り、国民の文化的向上に資するとともに、世界文化の進歩に貢献することを目的とした法律です。

●文化財保護法による制限

| 地域・地区 | 許可（届出）が必要な行為 | 許可権者 |
|---|---|---|
| 重要文化財、史跡名勝天然記念物 | ・現状の変更<br>・保存に影響を及ぼす行為 | 文化庁長官の許可 |

（平成29・問22-1）

  津波防災地域づくりに関する法律によれば、津波防護施設区域内において土地の掘削をしようとする者は、一定の場合を除き、津波防護施設管理者の許可を受けなければならない。

 　 本問のとおり、津波防護施設区域内で土地の掘削を行う場合は、津波防護施設管理者の許可が必要です。

（平成26・問22-3）

 海岸法によれば、海岸保全区域内において土地の掘削、盛土又は切土を行おうとする者は、一定の場合を除き、海岸管理者の許可を受けなければならない。

 本問のとおり、海岸法では海岸管理者の許可が必要となります。

# 税・その他

講義1

# 税法

ここでは不動産に関連する税法を学んでいきます。
税の種類には国税と地方税があり、試験では
それぞれ一問ずつ出題されます。誰が何に対して課税をし、
誰が納める義務があるのか、という点を
しっかり押さえておくと理解しやすくなります。

# 1 不動産の税金

## [1] 不動産の税金の基本

不動産を取得したり保有したりした場合には、税金が課せられます。宅建士試験で問われる不動産に関する税金の種類は、次のとおりになります。

●不動産の税金の種類

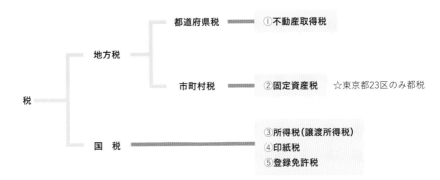

| 税金名 | 課税されるとき | 課税主体 |
|---|---|---|
| ①不動産取得税 | 不動産を取得したとき | 都道府県 |
| ②固定資産税 | 不動産を所有しているとき | 市町村<br>☆東京都23区のみ都 |
| ③所得税(譲渡所得税) | 不動産の売却で利益が出たとき | 国 |
| ④印紙税 | 不動産売買契約書などの文書作成時 | |
| ⑤登録免許税 | 所有権など不動産の権利を登記するとき | |

●不動産にまつわる税金

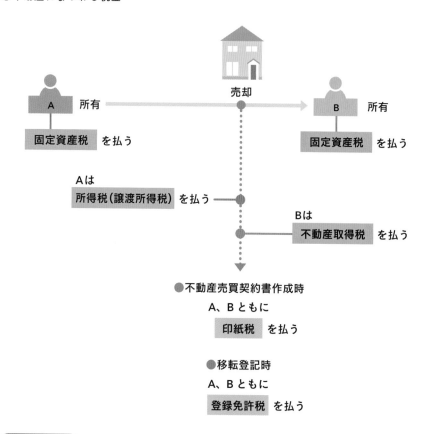

●不動産売買契約書作成時
A、Bともに
印紙税 を払う

●移転登記時
A、Bともに
登録免許税 を払う

ココに注意!

固定資産税は1月1日の所有者に、その年の分が全額課税されます。年の途中で売却しても、税額は変わりません。

# ［2］不動産の税金の用語

**課税主体**

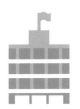

**誰が課税をするのか**
税金によって国や市町村など、異なります

**課税客体**

**何に対して課税するのか**
例)不動産の取得に対して課税するなど

**納税義務者**

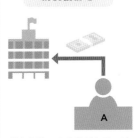

**税金を納める義務があるのは誰か**
例)不動産の取得者など

**課税標準**

**税額を算出するときに元となるもの**

例)不動産を取得したときの価格など

**免税点**

基準
○○円未満

税が免除　　税がかかる
される
**税が免除される場合の基準となる額**

**非課税**

非課税

**税金が課税されないこと**
例)学校法人による不動産の取得など

**普通徴収**

**市区町村から送られてくる納税通知書で、納税義務者が自ら納付します**

**特別徴収**

**納税義務者が直接納税せず、雇用主や事業者等を通じて徴収が行われます**
例)個人住民税の給与からの天引きなど

税・その他

講義1　税法

185

# ［3］税金の計算方法

税金は基本的な計算式で算出しますが、税金の種類により特例や軽減措置などがあり、その場合は計算方法が変わります。

## ❶基本的な計算

税金は、税額を計算する元となる**課税標準**に、税率を掛けて計算します。

> ┃計算方法┃
>
> ### 課税標準 × 税率 ＝ 税額

ここでは身近な消費税を例にして考えてみましょう。

例）**100円のペンを買って、消費税率が10％の場合**

## ❷税金を下げる計算方法

税金のなかには税金を下げる優遇措置があり、そのための計算方法が3つあります。

### （1）課税標準の特例

課税標準を下げる方法です。

> ┃計算方法┃
>
>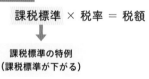

## (2)税率軽減

税率を下げる方法です。

課税標準 × **税率** = 税額

↓

**税率軽減**
**（税率が下がる）**

## (3)税額控除

税額から一定額を控除する方法です。

課税標準 × 税率 −（控除）= **税額**

↓

**税額控除**

# [4] 徴収方法

徴収とは税金の納付方法のことです。納付方法には以下の2種類があります。なお、税金は納付期限までに納付しなければなりません。

● 徴収方法

| | |
|---|---|
| **①申告納税方式** | 納税者自身が税額を計算し、その額を国や地方公共団体に対して申告をして納付する方式のこと。所得税や贈与税などで使われる |
| **②賦課課税方式** | 国や地方公共団体が税額を計算して、納付すべき額を納税者に告知する方式のこと。不動産取得税、固定資産税などで使われる<br>①普通徴収、②特別徴収の2つの方式がある |

# 2 不動産取得税

## 〔1〕不動産取得税とは

土地や家屋を購入するなど不動産を取得した時に一度だけ、取得者に課される税金です。

## 〔2〕不動産取得税のしくみ

不動産取得税の課税主体と納税義務者、課税客体は次のとおりです。

● 不動産取得税のしくみ

| 課税主体<br>（誰に支払うか） | 取得した不動産の所在地である都道府県 |
|---|---|
| 納税義務者<br>（誰が支払うか） | 不動産の取得者が納税義務者 |
| 課税客体<br>（何に対して税がかかるか） | 不動産の取得に対して有償・無償を問わず、贈与、増築・改築、交換で取得した場合でも課税される |

**ココに注意！**

改築により、家屋の価値が増加した場合は、増加分について取得したものとみなされるので、課税対象となります。

# ■不動産の取得とみなされる場合

家屋が新築された場合、最初の使用または譲渡が行われた日において家屋が取得されたものとみなされます。ただし、新築から6カ月を経過しても使用や譲渡がない場合は、その時点で家屋の取得があったものとみなされます。

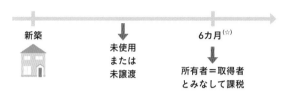

新築

未使用
または
未譲渡

6カ月<sup>(☆)</sup>

所有者＝取得者
とみなして課税

☆宅建業者が分譲する新築住宅の場合、特例として1年を経過した時点で課税されます。

過去問を解こう

（平成28・問24-1）

 家屋が新築された日から3年を経過して、なお、当該家屋について最初の使用又は譲渡が行われない場合においては、当該家屋が新築された日から3年を経過した日において家屋の取得がなされたものとみなし、当該家屋の所有者を取得者とみなして、これに対して不動産取得税を課する。

   家屋の新築から6カ月が経過して、使用や譲渡が行われない場合、その時の家屋の所有者を取得者とみなして、課税されます。新築から3年ではなく、6カ月です。

## ［3］非課税となる場合

次の場合は、不動産取得税が課税されません。

非課税となる場合
①国、日本年金機構、地方公共団体などによる不動産の取得
②宗教法人、学校法人、社会福祉法人などが一定の用に供するための不動産の取得
③相続・遺贈による不動産の取得
④法人の合併などによる不動産の取得
⑤共有物分割による不動産の取得　など

**ココに注意！**

贈与での不動産取得は、課税対象です。

**＼過去問を解こう／**

（平成22・問24-3）

 法人が合併により不動産を取得した場合、不動産取得税は課されない。

 **𝒜** ○ 法人の合併によって不動産を取得した場合、非課税となります。

## ［4］税額

### ❶課税標準

不動産を取得したときの価格
つまり、「固定資産課税台帳の登録価格（＝固定資産税評価額）」となります。

**ココに注意！**

不動産の価格とは、不動産の購入価格ではなく、固定資産税評価額となるので、注意しましょう。

### ❷税率

税金のなかには、税率を下げる優遇措置があります。

| 標準税率 | 4％ |
|---|---|
| **土地・住宅用家屋** | 3％<br>☆土地や住宅用家屋を取得した場合は、軽減税率の適用があります（令和6(2024)年3月31日までに取得したもの）。 |

❸税額の計算式

> 計算方法

固定資産税評価額 × 税率

## [5] 徴収方法と納期限

| 徴収方法 | 普通徴収 |
|---|---|
| 納期限 | 納税通知書に記載された納期限まで<br>☆納税通知書は、遅くとも納期限前10日までに納税者に交付されます。 |

## [6] 免税点

不動産を取得しても、課税標準の額が以下のような場合は、不動産取得税は課税されません。

| 土地の取得 | 土地(1つにつき):10万円未満 |
|---|---|
| 家屋の取得 | 新築、増築、改築:1戸につき23万円未満<br>中古住宅の売買など:1戸につき12万円未満 |

☆土地の取得から1年以内に隣接する土地を取得したときは、その土地を含めて1つの土地を取得したものとみなして、免税点が適用されます。

## 過去問を解こう

過去問 ①
(令和2(10月)・問24-2)

Q 一定の面積に満たない土地の取得に対しては、狭小な不動産の取得者に対する税負担の排除の観点から、不動産取得税を課することができない。

  ✕ 免税点は、課税標準の額（対象不動産の価格）で決まります。面積ではありません。

不動産取得税の課税標準となるべき額が、土地の取得にあっては10万円、家屋の取得のうち建築に係るものにあっては1戸につき23万円、その他のものにあっては1戸につき12万円に満たない場合においては、不動産取得税が課されない。

不動産取得税の免税点については、問題文のとおり、土地が10万円未満、家屋の取得で建築（新築・増築・改築）にかかるものは1戸につき23万円未満、その他は1戸につき12万円未満です。

## 〔7〕課税標準の特例

住宅や宅地を取得した場合に一定の要件を満たすと、課税標準が軽減される特例があります。

### ❶新築住宅

固定資産税評価額から、1戸あたり1,200万円が控除された額が課税標準額となります。

計算方法

（固定資産税評価額 − 1,200万円）× 税率3％ ＝ 不動産取得税

課税標準

取得要件

● 用途の制限はなし
● 床面積は、50㎡以上240㎡以下（戸建て以外の賃貸用マンション・アパートでは40㎡以上240㎡以下）
● 法人・個人の取得でも適用される

## ■ 計算例

例）床面積200㎡の新築住宅で、課税標準（固定資産税評価額）が3,000万円の場合の、不動産取得税額

### 計算方法

$$（3,000万円 － 1,200万円）× 3\% = 54万円$$

| 固定資産税<br>評価額 | 新築住宅の<br>控除額 | 住宅の<br>税率 | 不動産<br>取得税額 |

### ココに注意！

新築の長期優良住宅を令和6（2024）年3月31日までに建築した場合なら、控除額は「1,300万円」となります。

## ❷中古住宅

固定資産税評価額から、新築された時期の控除額が控除された額が課税標準額となります。

計算方法

（固定資産税評価額－新築された時期の控除額）× 税率3% ＝ 不動産取得税
↓
課税標準

●新築時の控除額

| 平成9年4月1日以降 | 1,200万円 |
|---|---|
| 平成元年4月1日〜平成9年3月31日 | 1,000万円 |
| 昭和60年7月1日〜平成元年3月31日 | 450万円 |
| 昭和56年7月1日〜昭和60年6月30日 | 420万円 |

取得要件

●個人が自分の居住用として取得した住宅（法人は不可）
●床面積は50㎡以上240㎡以下
　新耐震基準に適合している、または昭和57年1月1日以後の新築であること

## ❸宅地

固定資産税評価額の2分の1が課税標準となります（令和6(2024)年3月31日まで）。

計算方法

固定資産税評価額 × $\frac{1}{2}$ × 3% ＝ 不動産取得税
↓
課税標準

# 3 固定資産税

## [1] 固定資産税とは

土地や家屋などの不動産や償却資産（会社で使用するパソコンなどの事業用資産）といった「固定資産」を所有している場合に徴収される税金のことです。不動産の場合なら、保有している間は毎年課税されます。

## [2] 固定資産税のしくみ

| 課税主体<br>（誰に支払うか） | 固定資産が所在する市町村<br>☆東京都特別区では都になります。 |
| --- | --- |
| 納税義務者<br>（誰が支払うか） | 1月1日現在における固定資産の所有者<br>☆固定資産課税台帳に登録されている者です。 |
| 課税客体<br>（何に対して税がかかるか） | 土地や家屋などの不動産や償却資産といった固定資産に対して |

●固定資産税の課税時期

例）Aが所有する土地・建物をBに売却した場合

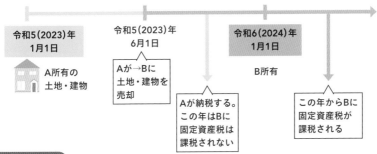

### ココに注意！

固定資産税の納税義務者は1月1日時点での所有者で、その年の4月から来年の3月までの「年度」で、実際に固定資産税を払っていくことになります。「年度」の途中で所有者がかわったとしても、その「年度」については、もともとの所有者が納税義務を負います。

# ■所有者以外の者が納税義務者とみなされる場合

①質権の設定されている土地の場合⇒ **質権者**

②100年より永い存続期間の地上権が
　設定されている土地の場合⇒ **地上権者**

③固定資産の所有者の所在が
　災害などで不明の場合⇒ **その固定資産（土地など）の使用者**

区分所有建物（マンションなど）の共用部分について

分譲マンションの敷地についての固定資産税については、各区分所有者が敷地の持分割合（専有部分の床面積の割合）で計算された固定資産税を納付します。分譲マンションの敷地は共有ですから、本来であれば区分所有者の全員での連帯納付義務となるのですが、現実的ではないので分割納付となっています。

●区分所有建物の固定資産税の按分方法

| | |
|---|---|
| 区分所有家屋（マンションなど）の共用部分の固定資産税 | 専有部分の床面積の割合により按分される |
| 区分所有家屋（マンションなど）の敷地の固定資産税 | |

例）区分所有建物の場合

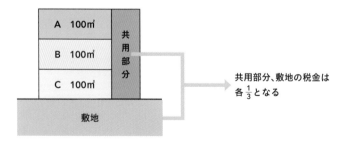

共用部分、敷地の税金は
各 $\frac{1}{3}$ となる

196

固定資産税の賦課期日は、市町村の条例で定めることとされている。

  ✕ 固定資産税の賦課期日は、その年の1月1日と地方税法で定められています。市町村の条例で定められているわけではありません。

## ［3］非課税となる場合

次の場合は、固定資産税が課税されません。

非課税となる場合
①国、地方公共団体などの固定資産
②宗教法人、学校法人、社会福祉法人などが一定の用に供するための固定資産
③一定の独立行政法人の一定の業務の用に供するための固定資産
④公共用道路など一定の公共用の固定資産　　　など

ココに注意！

 固定資産税は登記していない建物であっても、課税されます。

## ［4］税額

### ❶課税標準

1月1日における固定資産課税台帳に登録された価格（＝固定資産税評価額）となります。なお、固定資産税評価額の評価替え（見直し）は3年に一度の基準年度において行われ、その評価替え後の価格は3年間据え置かれます。ただし、地目の変更、家屋の改築または損壊など特別の事情があった場合には、見直しが行われます。

● 評価替え

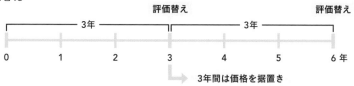

### ❷税率

| 標準税率 | 1.4％<br>☆各市町村で標準税率と異なる税率を条例で定めることができます。 |
|---|---|

過去問を解こう

（令和2(12月)・問24-2）

 Q 固定資産税の税率は、1.7％を超えることができない。

  ✕ 固定資産税の標準税率は、1.4％ですが、各市町村で標準税率と異なる税率を定めることが可能です。

## ［5］徴収

| 徴収方法 | 普通徴収 |
|---|---|
| 納期限 | 原則として、4月、7月、12月、2月中の全4回<br>☆市町村の条例で定められています。なお、納税通知書は、遅くとも納期限の10日前までに納税者に交付されます。 |

## ［6］免税点

固定資産の課税標準が以下のものに対しては、固定資産税は課税されません。

| 土　地 | 30万円未満 |
|---|---|
| 家　屋 | 20万円未満 |

## ［7］課税標準の特例

一定の住宅用地を保有している場合、課税標準額の特例があります。

### ❶小規模住宅用地（200㎡以下の部分）

**計算方法**

$$固定資産税評価額 \times \frac{1}{6}$$

### ❷❶以外の住宅用地（200㎡超）

**計算方法**

$$200㎡以下の課税標準額 = 固定資産税評価額 \times \frac{1}{6}$$

**計算方法**

$$200㎡超の課税標準額 = 固定資産税評価額 \times \frac{1}{3}$$

例）500㎡の住宅用地の場合

200㎡と300㎡に分けて計算をします。

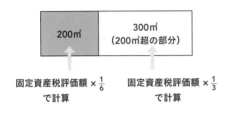

| 200㎡ | 300㎡（200㎡超の部分） |

固定資産税評価額 $\times \frac{1}{6}$ で計算　　　固定資産税評価額 $\times \frac{1}{3}$ で計算

☆特定空き家（保安上危険、衛生上有害などの理由で勧告を受けている空き家）には
　特例は適用されません。

過去問を解こう

（令和2(12月)・問24-4）

> **Q** 200㎡以下の住宅用地に対して課する固定資産税の課税標準は、課税標準となるべき価格の2分の1の額とする特例措置が講じられている。

   固定資産税の課税標準の特例では、小規模住宅用地（200㎡以下の部分）は固定資産税の課税標準となるべき価格（＝固定資産税評価額）の6分の1の額で、200㎡超の部分は固定資産税の課税標準となるべき価格（＝固定資産税評価額）の3分の1の額となります。

## ［8］新築住宅の課税の特例

新築住宅を保有している場合には、税額が軽減される特例があります。法人・個人を問いません。

### ●床面積50㎡以上280㎡以下の新築住宅

（賃貸用マンション・アパートでは40㎡以上280㎡以下）

**減額割合**

120㎡までの部分についての税額が $\frac{1}{2}$ 減額

### ●減額年数

| | 一般・省エネ対策住宅の住宅 | 認定長期優良住宅 |
|---|---|---|
| 新築住宅（中高層耐火建築物） | 新築から5年度間 | 新築から7年度間 |
| 新築住宅（その他） | 新築から3年度間 | 新築から5年度間 |

200

### ■ 計算例

床面積が200㎡で、固定資産課税台帳の登録価格は、2,000万円（1㎡あたり10万円）の住宅の固定資産税額（令和6(2024)年1月1日現在固定資産課税台帳に、令和5(2023)年に新築した住宅の所有者として登録されている場合とする）

> 120㎡以下の部分

$$10万円 \times 120㎡ = 1,200万円$$
$$1,200万円 \times 1.4\% \times \frac{1}{2} = 84,000円 \quad \cdots\cdots \quad ①$$

> 120㎡超の部分

$$10万円 \times 80㎡ = 800万円$$
$$800万円 \times 1.4\% = 112,000円 \quad \cdots\cdots\cdots\cdots \quad ②$$

$$① \quad + \quad ② \quad = \quad 196,000円$$

## ［9］固定資産の価格の決定

固定資産の評価については、**総務大臣**が定めた「固定資産評価基準」に基づき、市町村の固定資産評価員が行います。その評価に基づき、市町村長は毎年3月31日までに固定資産の価格を決定し、「固定資産課税台帳」に登録します。価格登録したことについては、毎年4月1日に公示されます。

## ［10］不服審査の申出

固定資産税の納税者は、固定資産課税台帳に登録された価格に不服があるときには、固定資産評価審査委員会に審査の申出をすることができます（申出ができるのは、台帳に登録された価格についてのみ）。固定資産が災害などによって滅失したことを理由に、固定資産の減免を申請する場合は、登録価格についての不服にはならないので、固定資産評価審査委員会に不服の申立てはできません。

## ［11］固定資産課税台帳を閲覧できる者

納税義務者は市町村長に請求すれば、固定資産課税台帳を閲覧することができます。

# 4 所得税

## [1] 所得税とは

所得税は、個人の所得に対して課せられる税金のことです。所得の種類は、給与所得や事業所得など10種類に分類されますが、ここでは宅建士試験に関係のある、譲渡所得についてみていきましょう。

所得の種類
①事業所得　②不動産所得　③給与所得　④一時所得　⑤雑所得
⑥配当所得　⑦退職所得　　⑧山林所得　⑨譲渡所得　⑩利子所得

## [2] 譲渡所得税

譲渡所得税は、不動産を売買・譲渡して利益が発生した場合に課せられる所得税のことです。この譲渡所得税については、他の所得と分離して所得税を計算する分離課税の対象となります。

## [3] 譲渡所得税の計算方法

計算方法

〔譲渡収入金額 −（取得費 ＋ 譲渡費用）〕× 税率 ＝ 譲渡所得税

譲渡所得

 **譲渡収入金額**：土地や建物など不動産を売却した金額のこと
**取得費**：土地や建物などの購入代金や登記費用など（固定資産税は含みません）
**譲渡費用**：譲渡にかかった費用。たとえば、印紙税や売却時の仲介手数料など

譲渡所得に対する税額は、譲渡した年の1月1日時点で、土地や建物の所有期間に応じた税率を所得金額に乗じて計算します。所有期間が5年超であれば「長期譲渡所得」、5年以下であれば「短期譲渡所得」となります。

●所有期間について

例) 平成31(2019)年3月1日に土地を取得し、令和6(2024)年5月1日にその土地を売却した場合

⇒譲渡所得は5年以下なので、「短期譲渡所得」となります。

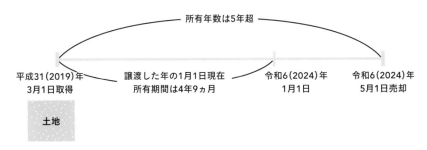

●所有期間と税率

| 所有期間 | 税率 |
|---|---|
| 短期譲渡所得 (5年以下) | 30% |
| 長期譲渡所得 (5年超) | 15% |

ココに注意!

取得費が不明の場合は、譲渡収入金額の5%とすることができます。

## ［4］特例の種類

譲渡所得の特例については、大きく4種類に分けることができます。

| | |
|---|---|
| ①特別控除の特例 | 譲渡所得から3,000万円または5,000万円（収用等の場合）を控除した額を課税対象とする特例 |
| ②買換えの特例 | 住宅を買い換えた場合に、譲渡所得税の課税を繰延べできる特例 |
| ③軽減税率の特例 | 土地や建物を譲渡した場合に一定要件を満たしていると、税率が軽減される特例 |
| ④繰越控除の特例 | 譲渡損失を給与所得などの他の所得と損益通算して、翌年以降3年内の所得から繰越控除できる特例 |

## ［5］特別控除の特例

### ❶居住用財産の3,000万円の特別控除

#### （1）特例の内容

居住用財産を譲渡して利益を得た場合の譲渡所得に対して、**譲渡所得の金額から3,000万円**が特別控除されます。

計算方法

譲渡収入金額 －（取得費 ＋ 譲渡費用）－ 3,000万円 ＝ 譲渡所得金額

↓ 譲渡所得　　　　　　　　　　　　特別控除額

## ■ 計算例

例）平成26（2014）年3月1日に、個人が3,000万円で取得した居住用財産を、
令和5（2023）年10月1日に7,000万円で譲渡した場合

① 譲渡所得金額を算出

② 課税譲渡所得を算出

③ 譲渡所得税を算出

| 1,000万円 | × | 15% | = | 150万円 |
|---|---|---|---|---|
| 課税譲渡所得 | | 長期譲渡所得の税率 | | 譲渡所得税額 |

## （2）適用要件

控除を受けるには、以下の適用要件を満たしていることが必要です。

● 適用要件

| 所有期間 | 特になし |
|---|---|
| 居住期間 | 特になし |
| 譲渡について | 居住用財産の譲渡であること<br>・現在居住している家屋や敷地であること<br>・過去に居住していた家屋や敷地で、居住の用に供されなくなった日から、3年を経過する日の年の12月31日までに譲渡されていること |
| 譲渡先 | 配偶者や直系血族などへの譲渡ではないこと |
| 特別控除の適用の有無 | ・前年、前々年にこの3,000万円特別控除と同じ控除を受けていないこと（3年に1回適用）<br>・特定の居住用財産の買換えの特例などを受けていないこと |

## ❷収用等での譲渡による5,000万円の特別控除

### （1）特例の内容

個人が土地・建物を収用のために譲渡した場合、**譲渡所得から5,000万円の範囲内**で控除されます。公共事業の施行者から最初に買取りの申出があった日から6カ月以内に譲渡されたものが対象となり、所有期間の定めは特にありません。

**計算方法**

譲渡収入金額 －（取得費 ＋ 譲渡費用）－ 5,000万円 ＝ 譲渡所得金額

           ↓                        特別控除額

      譲渡所得

### （2）適用要件

控除を受けるには、以下の適用要件を満たしていることが必要です。

●適用要件

| 所有期間 | 特になし |
|---|---|
| 居住期間 | 特になし |
| 譲渡について | 最初に買取りの申出があった日から6カ月を経過した日までに譲渡されたものであること |
| 譲渡先 | 収用等の事業施行者に対しての譲渡であること |
| 特別控除の適用の有無 | その年に、収用等の代替資産の買換えの特例などを受けていないこと |

**用語解説 収用**
国や地方公共団体などが、公共事業のために土地を必要とする場合に、その土地の所有者から所有権や使用権を強制的に取得することです。

## 過去問を解こう

\過去問 ①/

（平成24・問23-1・改）

 令和6年1月1日において所有期間が10年以下の居住用財産については、居住用財産の譲渡所得の3,000万円特別控除（租税特別措置法第35条第1項）を適用することができない。

   3,000万円の特別控除については、所有期間に制限はありません。

\過去問 ②/

（平成24・問23-2・改）

 令和6年1月1日において所有期間が10年を超える居住用財産について、収用交換等の場合の譲渡所得等の5,000万円特別控除（租税特別措置法第33条の4第1項）の適用を受ける場合であっても、特別控除後の譲渡益について、居住用財産を譲渡した場合の軽減税率の特例（同法第31条の3第1項）を適用することができる。

  収用交換等の場合の譲渡所得等の5,000万円特別控除の適用を受ける場合であっても、特別控除後の譲渡益について、居住用財産を譲渡した場合の軽減税率の特例の適用は可能です。

税・その他

講義1 税法

## ［6］買換えの特例

### ❶特定の居住用財産の買換えの特例

#### （1）特例の内容

譲渡した年の1月1日で、所有期間が10年を超える居住用財産を譲渡して、ほかの居住用財産に買換え・交換した場合は、買換え（交換）の特例が適用され、課税の繰延べができます。なお、この買換えの特例については、「居住用財産の3,000万円特別控除の特例」に代えて適用できます。買換え時に差額があった場合の譲渡所得に対しては20％（所得税15％、住民税5％）の税率が課税されます。

#### （2）適用要件

●譲渡した居住用財産（譲渡資産）の要件

| 買換え前 | 所有期間 | その年の1月1日において家屋・敷地ともに10年超 |
|---|---|---|
| | 居住期間 | 10年以上 |
| | 譲渡対価 | 1億円以下 |
| | 譲渡先 | 配偶者や直系血族などへの譲渡ではないこと |

●新たに取得した居住用財産（買換資産）の要件

| 買換え後 | 取得期間 | 譲渡した年の前年（前年1月1日から）、譲渡年、その翌年末（12月31日）までに取得している |
|---|---|---|
| | 居住期限 | 買換資産の取得日から譲渡した年の翌年12月31日までに居住の用に供している |
| | 面積 | 建物：床面積50㎡以上（自己の居住の用に供する部分）<br>土地：面積500㎡以下 |
| | 中古住宅の場合 | 中古住宅で建物が耐火建築物であれば<br>・築25年以内<br>・新耐震基準に適合している |

# ■課税対象となる所得

**例1)買換資産の取得価額が大きい場合**

**買換資産の方が高い場合、買換えの時点では課税されない**
**(全額が課税繰延べ)**

この買い換えた建物を5,000万円で売ったとき、5,000万円−4,000万円に課税されるのではなく、繰延べの2,000万円をあわせて、3,000万円への課税となります。

**例2)譲渡資産の譲渡収入が大きい場合**

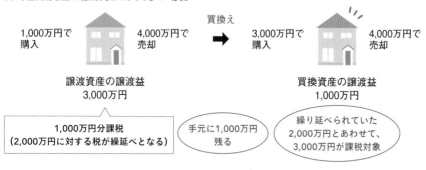

**譲渡資産の方が高い場合、差額分について課税される**
**☆譲渡益がある場合**
**(一部が課税繰延べ)**

買換え後の建物を4,000万円で売ったとき、譲渡益1,000万円と繰り延べられていた2,000万円をあわせた3,000万円に課税されます。

租税特別措置法第36条の2の特定の居住用財産の買換えの場合の長期譲渡所得の課税の特例に関して、譲渡資産とされる家屋については、その譲渡をした日の属する年の1月1日における所有期間が5年を超えるものであることが、適用要件とされている。

 ✕ 譲渡した年の1月1日時点での所有期間が、10年を超える居住用財産を譲渡した場合です。5年ではありません。

## ［7］軽減税率の特例

### ❶所有期間10年超の居住用財産の軽減税率の特例

譲渡した年の1月1日時点での所有期間が、10年を超える居住用財産を譲渡した場合であれば、「居住用財産の3,000万円特別控除の特例」との併用が可能です。ただし、その年の前年、前々年に、この特例の適用を受けていたら、再度適用されることはありません。

●所有期間10年超の居住用財産の軽減税率

| 所有期間 | 居住用財産の3,000万円の特別控除後の所得額 | 軽減税率 |
|---|---|---|
| 10年超 | 6,000万円以下の部分 | 10% |
| | 6,000万円超の部分 | 15% |

## ❷優良住宅地の造成等のために土地等を譲渡した場合の特例

個人が優良住宅地の造成等のために国や地方公共団体などに土地等を譲渡した場合の特例があります。譲渡資産は、所有期間が5年超のものとなります。

### ●優良住宅地の造成等のための軽減税率

| 所有期間 | 譲渡所得 | 軽減税率 |
|---|---|---|
| 5年超 | 2,000万円以下の部分 | 10％ |
| | 2,000万円超の部分 | 15％ |

## ［8］損益通算繰越控除の特例

### ●居住用財産の譲渡損失の損益通算繰越控除の特例

譲渡した年の1月1日時点で所有期間が5年超の居住用財産を譲渡した場合に、譲渡損失が生じたら、譲渡損失の金額を他の所得と損益通算および**翌年以降3年以内の所得**から繰越控除できます。ただし、繰越年の合計所得金額が3,000万円以下でなければ、適用は受けられません。

**用語解説 損益通算**
他の所得金額の黒字（プラス）部分から、損失（マイナス）分を差し引きすること。

## ［9］重複適用

特例によっては、重複適用できるものとできないものがあります。

●併用できる場合

| 軽減税率の特例 | 併用できる  | 特別控除 |
|---|---|---|
| 居住用財産の軽減税率の特例 | | 居住用財産の3,000万円の特別控除<br>収用等での譲渡による5,000万円の特別控除 |

●併用できない場合

| 買換えの特例 | 併用できない | 特別控除 |
|---|---|---|
| 特定居住用財産の買換えの特例 | ✕ | 居住用財産の3,000万円の特別控除<br>収用等での譲渡による5,000万円の特別控除 |
| | ✕ | 軽減税率の特例 |
| | | 居住用財産の軽減税率の特例 |

**ココに注意！**

買換えの特例は併用できないことを覚えておきましょう。

# ［10］住宅ローン控除

住宅ローンを借り入れて住宅を取得したり増改築をしたときには、住宅ローンの年末残高によって、所得税から税額控除を受けることができます。

●住宅ローン控除の適用要件

| 居住期限 | 住宅の新築、取得、増改築をした日から6カ月以内に居住、適用を受ける年の12月31日まで引き続き居住している |
|---|---|
| 住宅ローンの借入期間 | 10年以上 |
| 合計所得金額 | 2,000万円以下(控除を受ける年)☆ |
| 面積 | 住宅の床面積：50㎡以上(2分の1以上が居住用であること)☆<br>増改築後の床面積：50㎡以上 |
| 特別控除の適用の有無 | 居住年、前年、前々年、翌年、翌々年、翌々々年(通算6年間)に、<br>・居住用財産の3,000万円の特別控除の特例<br>・特定の居住用財産の買換えの特例<br>・居住用財産の軽減税率の特例<br>以上の特例を受けていないこと |

☆ 令和5(2023)年末までに建築確認を受けた新築住宅で、40㎡以上50㎡未満の場合は、所得金額1,000万円以下となります。

●控除額

**計算方法**

適用年の住宅ローンの年末残高 × 控除率 ＝ 税額控除額

**住宅ローン控除額**

●控除内容(令和4年度改正後)

| 居住年 | 控除期間 | 住宅ローンの年末残高限度額 | | 控除率 |
|---|---|---|---|---|
| 令和4(2022)年<br>1月～令和7年<br>(2025)12月 | 13年間(新築)<br>10年間(中古) | 省エネ基準に適合しない一般住宅 | 3,000万円<br>(令和6(2024)年<br>以降入居は対象外) | 0.7% |
| | | 認定長期優良住宅 | 5,000万円<br>(令和6(2024)年<br>以降入居は4,500万円) | |
| | | 認定低炭素住宅 | | |

☆ 令和6(2024)年1月以降に建築確認を受けた新築住宅については、省エネ基準を満たしていなければ、住宅ローン減税を受けることはできません。

**認定長期優良住宅**：長期間良好な状態で住宅を使用できるよう、耐震性や耐久性能、省エネ性などを備えた住宅のこと。

**認定低炭素住宅**：二酸化炭素（$CO_2$）を減らすことができ、市街化区域等内の建築に限られた住宅のこと

# 5 印紙税

## [1] 印紙税とは

印紙税は、課税文書（不動産売買契約書など）を作成した場合に、課税される国税です。契約書などに貼るために印紙を購入することで、国に税金を納付したことになります。

## [2] 印紙税のしくみ

| 課税主体<br>（誰に支払うか） | 国 |
| --- | --- |
| 納税義務者<br>（誰が支払うか） | 課税文書の作成者 |
| 課税客体<br>（何に対して税がかかるか） | 課税文書に対して |

## [3] 非課税となる場合

次の場合は、非課税となります。

非課税となる場合
①記載金額が1万円未満の契約書
②国、地方公共団体などが作成した文書

## こんな場合はどうなる？

### ●民間と国等が不動産売買契約書を交わした場合

①国などが作成した文書で
　民間が保管する場合 　　→  印紙なし

　　　　　　　　　　　　　　　非課税扱い

②国などが保管している文書で
　民間が作成する場合 　　→  印紙あり

　　　　　　　　　　　　　　　課税扱い

# ［4］課税文書に該当するもの

印紙税が課税される文書は、契約書と受取書の2種類があります。

## ❶契約書

契約書で印紙税が必要となるものは以下の3種類です。

#### ●契約書の種類

| 種類 | 例 |
|---|---|
| ①**不動産の譲渡に関する契約書** | 「不動産売買契約書」「土地交換契約書」など |
| ②**地上権や土地賃借権の設定または譲渡に関する契約書** | 「借地権設定契約書（土地賃貸借契約書）」「借地権売買契約書」など |
| ③**請負に関する契約書** | 「建設工事請負契約書」など |

- 同じ内容の契約書を2通以上作成した場合は、それぞれの契約書に印紙を貼る必要があります。
- 一時的な目的で作成される「仮契約書」、すでに交わした契約内容の変更目的で作成される「変更契約書」も、課税文書となります。
- 契約金額が1万円未満の契約書は非課税です。
- 不動産の売買契約書に、2つ以上の金額が記載されている場合は、合計金額が記載金額となります。

例）土地3,000万円、建物2,000万円の契約書の場合は、合計金額の5,000万円を記載金額とする

## ●課税文書とならないもの(不課税文書)

以下の文書は、印紙税が課税されません。

課税文書とならないもの
① 土地以外の賃貸借契約書
　例)建物賃貸借契約書、使用貸借契約書など
② 抵当権、永小作権、地役権、質権の設定・譲渡に関する契約書
　例)抵当権設定契約書
③ 委任に関する契約書
　例)委任状、媒介契約書

**ココに注意!**

建物賃貸借契約書は不課税文書なので印紙税は不要ですが、土地賃貸借契約書には印紙税が課税されます。間違えないようにしましょう。

## ❷受取書

金銭等の受取証書(つまり領収書)のことです。仮領収書や将来返還する敷金の領収書も課税文書となります。営業に関しないもの(個人が自宅を売却するような場合)、記載金額が5万円未満の場合、国、地方公共団体等が作成した受取書などには課税されません。

## ［5］税額

契約書に記載された金額に税額が課税されます。

### ❶課税標準

| 種類 | 課税標準となるもの |
|---|---|
| 売買契約書 | 売買代金<br>☆消費税額は記載金額に含めません。 |
| 交換契約書 | 双方の金額が記載されている場合<br>⇒高いほうの金額となる<br>交換差金のみ記載されている場合<br>⇒交換差金が記載金額となる |
| 土地の賃貸借契約書 | 権利金(返還されないもの)<br>☆賃料や後日返還予定の敷金、保証金は記載金額となりません。 |
| 贈与契約書 | 記載金額がない契約書として扱われ、印紙税額は一律200円となる<br>☆贈与は無償(タダ)での譲渡とみなされます。 |
| 変更契約書 | 契約金額を増額する場合<br>⇒増加額分のみが記載金額となる<br>契約金額を減額する場合<br>⇒記載金額がない契約書として、印紙税額は一律200円となる |

**ココに注意！**

消費税が別に記載されている場合は、消費税を除いた金額を記載金額とします。

**ココに注意！**

1つの契約書が売買契約書と請負契約書の2つを兼ねている場合、その総額を記載金額としますが、売買契約の金額と請負金額を区分できるときは、高い方の契約金額を記載金額とします（同じ場合は売買の金額を記載金額とします）。

## ❷税率

印紙税の税率については、記載金額に応じて異なります。

●税率

| 記載金額(契約金額)のない契約書 | 200円 |
|---|---|
| 記載金額(契約金額)のある契約書 | 記載金額に応じて200円〜60万円 |

過去問を解こう

(令和4・問23-3・改)

 当初作成した土地の賃貸借契約書において「契約期間は5年とする」旨の記載がされていた契約期間を変更するために、「契約期間は10年とする」旨を記載した覚書を貸主Aと借主Bが作成した場合、当該覚書には印紙税が課される。

  覚書という名目であっても、内容は契約期間変更の契約書となるため、印紙税の課税対象となります。

## [6] 納付方法と納期限

| | |
|---|---|
| **納付方法** | 印紙を購入し、課税文書（契約書）に貼り付けて、その課税文書と印紙にかかるように消印する。消印は文書の作成者またはその代理人や使用人の印章か署名で行う |
| **納期限** | 課税文書の作成の時まで |

●印紙税の貼付と消印

印紙は郵便局などで購入し、課税文書に貼りつけます。消印は再使用防止の目的で行いますが、印章でも、自筆による署名でも可能です。

＼ 過去問を解こう ／

（平成25年・問23-1）

 土地譲渡契約書に課税される印紙税を納付するため当該契約書に印紙をはり付けた場合には、課税文書と印紙の彩紋とにかけて判明に消印しなければならないが、契約当事者の従業者の印章又は署名で消印しても、消印したことにはならない。

   消印は契約当事者や代理人などの印章でも署名であっても認められます。ですから、契約当事者の従業者が行ってもかまいません。

## [7] 過怠税

印紙を貼り付けていない場合には、過怠税として、納付しなかった（不貼付）の印紙税額プラスその2倍相当の合計金額（結局3倍！）を徴収されます。印紙が貼られているけれど消印のないものは、印紙の額面金額分の過怠税が徴収されます。

# 6 登録免許税

## ［1］登録免許税とは

登録免許税は、不動産の所有権の移転登記などを受けるときに課される税金です。

## ［2］登録免許税のしくみ

| 課税主体(誰に支払うか) | 国 |
|---|---|
| 納税義務者(誰が支払うか) | 登記を受ける者。登記を受ける者が2人以上なら、連帯して納税義務を負う |
| 課税客体(何に対して税がかかるか) | 不動産の登記に対して |

**ココに注意！**

不動産の所有権の移転登記は、買主である登記権利者と売主である登記義務者とが共同で登記の申請をするため、連帯して納税義務を負います。

## ［3］非課税となる場合

以下の場合は登録免許税がかかりません。

非課税となる場合
①国や地方公共団体などが自己のために受ける登記の場合
②建物の新築や増築など表示に関する登記
　☆土地の分筆、合筆、建物の合併などによる表示の変更登記などは除きます。

# ［4］税額

## ❶課税標準

固定資産課税台帳登録価格(固定資産税評価額)
☆抵当権設定登記の場合は債権額となります。

 ココに注意！

登録免許税の場合、課税標準は不動産の実際の取引価額ではなく、固定資産税評価額となります。

## ❷税率

| 登記の内容 | | 課税標準 | 税率 | | |
|---|---|---|---|---|---|
| | | | 本則 | 軽減税率 | |
| | | | | 土地 | 住宅用家屋<sup>(☆2)</sup> |
| 所有権保存登記<sup>(☆1)</sup> | | 不動産の価額 | 0.4% | — | 0.15% |
| 所有権移転登記<sup>(☆1)</sup> | 売買 | 不動産の価額 | 2% | 1.5% | 0.3% |
| | 相続・法人の合併 | 不動産の価額 | 0.4% | — | — |
| | 贈与 | 不動産の価額 | 2% | — | — |
| 抵当権設定登記 | | 債権の金額 | 0.4% | — | 0.1% |
| 地上権・賃借権設定登記<sup>(☆1)</sup> | | 不動産の価額 | 1% | — | — |
| 配偶者居住権設定登記 | | 不動産の価額 | 0.2% | — | — |

☆1 仮登記については、税率は本則の2分の1相当額となります。
☆2 住宅用家屋の軽減税率の特例についての適用要件は、p222❸参照。

### ❸住宅用家屋の軽減税率の特例

住宅用家屋の軽減税率の特例が適用される場合は以下のとおりです。あくまで住宅（建物）のみであり、住宅用家屋の土地（敷地）について、軽減税率の適用はありません。

●適用要件

| | 適用要件 | |
|---|---|---|
| 所有権保存登記 | ①自己の居住用であること ②個人が受ける登記であること ③家屋の床面積が50㎡以上であること ④新築または取得後1年以内に登記を受けること | 新築住宅のみ |
| 所有権移転登記 （売買・競落のみ） | | 新築住宅、既存住宅で適用可能 既存住宅の場合 昭和57年1月1日以降に建築または一定の耐震基準に適合するもの |
| 抵当権設定登記 | | |

ココに注意！

住宅用家屋の軽減税率の特例の適用について、所得要件はありません。

## ［5］納付

| 納付方法 | 国に現金納付し、領収書を登記申請書に貼付して登記所に提出 ☆税額が3万円以下の場合、収入印紙を登記申請書に貼付して納付できます。 |
|---|---|
| 納税地 | 不動産の所在地を管轄する登記所の所在地 |
| 納期限 | 登記を受ける時まで |

## 過去問を解こう

\過去問 ①/

(平成26・問23-1)

 住宅用家屋の所有権の移転登記に係る登録免許税の税率の軽減措置は、一定の要件を満たせばその住宅用家屋の敷地の用に供されている土地に係る所有権の移転の登記にも適用される。

   軽減措置が適用されるのは、一定の要件を満たす住宅用の家屋についてであり、敷地の用に供されている土地については適用されません。

\過去問 ②/

(平成21・問23-3)

 軽減措置に係る登録免許税の標準課税となる不動産の価額は、売買契約書に記載された住宅用家屋の実際の取引価格である。

  課税標準となる不動産の価額は、実際の取引価額ではなく、固定資産税評価額となります。軽減措置を受ける場合であっても同様です。

税・その他

講義1 税法

223

# 7 贈与税

贈与税は、贈与された財産に応じて課税されます。原則として、暦年つまり1月1日から、12月31日までに受贈した財産の110万円（基礎控除）を超えるものに課税されます。毎年の受贈額をベースにその年の贈与税額が決まるのです（贈与者がたくさんいる場合も、受贈額が合計して110万円を超えていれば贈与税が発生します）。

## ［1］相続時精算課税制度

父母や祖父母などから贈与があった際に、贈与された年には贈与税を賦課せずに、贈与者が死亡したときにこれまでの贈与財産と相続財産とあわせて相続税を賦課するのが相続時精算課税制度です。

この制度を使うと、複数年の累計で2,500万円までは贈与を受けても贈与税は発生しません（超えてしまうと20%の贈与税がかかります）。なお、令和6（2024）年1月1日以後の贈与から、2,500万円とは別に、基礎控除110万円が控除されます。

贈与者が死亡した時に、相続財産とこれまでの受贈した財産を合わせて相続税を計算しなおしますが、このとき、これまでに贈与税を支払っている場合は、相続税の額と合わせて清算します。これまでの贈与税よりも相続税が多ければ負担がありますが、少なければ還付を受けることができます。

イメージとしては、贈与も相続とみなして、被相続人の死亡時に相続税として他の相続財産とセットで支払うということです。

●適用要件

| 贈与者 | 60歳以上の父母、祖父母 |
| --- | --- |
| 受贈者 | 贈与の年の1月1日現在、18歳以上の子および孫 |

ココに注意！

この制度を使うためには、贈与者ごとに制度の適用を申請する必要があります。他の者からの贈与財産については通常の贈与税がかかります。途中で暦年課税に変更することはできませんので要注意！

## ［2］相続時精算課税制度の特例

自己の居住用の住宅を取得するケースでは、相続時精算課税制度の特例があります。この特例を使うと、贈与者が60歳未満でも、相続時精算課税制度の利用が可能です（受贈者は18歳以上）。贈与される財産は住宅の取得資金（金銭）に限り、住宅の贈与を受けても特例の対象とはなりません。親族など特定の者からの住宅の取得ではないことや、取得する住宅には床面積40㎡以上など一定の要件があります。

## ［3］直系尊属から住宅取得等資金の贈与を受けた場合の非課税

令和4（2022）年1月1日から令和5（2023）年12月31日までの間に、父母や祖父母など直系尊属からの贈与により、自己の居住の用に供する住宅用の取得等資金を取得した場合において、一定の額まで贈与税が非課税になります。親族など特定のものからの**住宅の取得ではない**ので注意しましょう。非課税限度額は、省エネ等住宅の場合は1,000万円、それ以外では500万円です。

● 適用要件

| 贈与者 | 父母や祖父母　☆年齢は問わない。 |
|---|---|
| 受贈者 | 18歳以上であること（贈与を受ける年の1月1日における年齢）<br>☆合計所得金額は2,000万円以下（控除を受ける年） |
| 住宅用家屋の要件 | 床面積40㎡以上<sup>(☆)</sup>240㎡以下<br>・新築住宅<br>・既存住宅<br>新築住宅、既存住宅のいずれも床面積40㎡以上240㎡以下で、家屋の床面積の2分の1以上が居住用。既存住宅においては、昭和57年1月1日以降に建築または一定の耐震基準に適合するもの |

☆面積40〜50㎡未満の場合、贈与を受けた年の所得税に係る合計所得金額は1,000万円以下でなければ非課税の特例は受けられません。

💬 **ココに注意！**

暦年課税制度、相続時精算課税制度との併用（どちらか）が可能です。相続時精算課税制度と併用した場合は、住宅取得等資金贈与の非課税の額と、相続時精算課税制度の控除額である2,500万円の合計で最大3,500万円が贈与税の対象から控除されることになります。

講義2

# 不動産鑑定評価基準

宅建士試験では、例年、不動産鑑定評価基準と地価公示法の
どちらか1問が、出題されます。不動産鑑定評価基準では、
求める不動産の価格の意味合いと、適用される鑑定評価手法の
特徴をつかんでおくことが有効な試験対策となります。
難解な用語が多く登場しますが、
特有の言い回しに慣れておくことも大切です。

# 1 不動産鑑定評価

## ［1］不動産鑑定評価とは

はじめに、不動産鑑定評価基準について説明しましょう。不動産取引を行う宅建業の現場では、不動産の値付けが大変重要となります。その値付けを行うことを、不動産鑑定評価といいます。また、不動産を適正に評価するための統一的基準として「不動産鑑定評価基準」が定められています。不動産鑑定評価基準については、次の4つのパートにわけると、理解しやすくなります。

● 不動産鑑定評価基準の内容

| ① 不動産価格の価格形成要因 |
| --- |
| 一般的要因<br>地域要因<br>個別的要因<br>⇒不動産の価格を左右する |

| ② 価格形成要因の分析 |
| --- |
| 地域分析および<br>個別分析<br>⇒要因分析で、不動産の<br>　最有効使用を判定 |

| ③ 求める価格の種類 |
| --- |
| 原則 正常価格<br>特殊な場合 限定価格<br>　　　　　　特定価格<br>　　　　　　特殊価格<br>⇒原則的に、多数の市場参加<br>　者（売主や買主など）が納<br>　得できる価格を求める |

| ④ 鑑定評価の3つの手法 |
| --- |
| 原価法<br>取引事例比較法<br>収益還元法<br>⇒案件に即して適切に適用<br>　する |

# ［2］不動産の価格形成要因

不動産の価格を形成する要因は、3つあります。なお、「価格形成要因」とは、不動産の効用、相対性稀少性、不動産に対する有効需要の三者に影響を与える要因のことです。

●価格形成要因

| ①一般的要因 | 一般経済社会における不動産のあり方およびその価格の水準に影響を与える要因をいい、自然的要因、社会的要因、経済的要因および行政的要因に大別される<br>例）地質、地盤などの状態、人口の状態、財政および金融の状態、宅地および住宅に関する施策の状態ほか |
| --- | --- |
| ②地域要因 | 一般的要因との相関結合によって規模、構成の内容、機能等にわたる各地域の特性を形成し、その地域に属する不動産の価格の形成に全般的な影響を与える要因をいう<br>例）街路の幅員・構造、公共施設の配置、上下水道、ガス等の供給・処理施設の状態など |
| ③個別的要因 | 不動産に個別性を生じさせ、その価格を個別的に形成する要因をいう。土地・建物等の区分に応じて分析をする必要がある<br>例）画地の形状、間口、奥行き、形状、建物の構造、用途など |

| 三者 | 不動産の効用<br>相対的稀少性<br>不動産に対する有効需要 |
| --- | --- |

●個別的要因の例

**例1）間口と奥行き**

⇒間口や奥行きは土地の利用価値に重要な影響があるので、狭小だと利用しづらく減価要因となります。

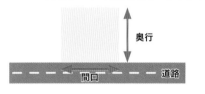

**例2）角地その他の接面街路との関係**

⇒商業地などでは、角地にあると2方向から人が出入りできるため収益が増し、評価が高くなる可能性があります。

Q 不動産の効用及び相対的稀少性並びに不動産に対する有効需要の三者に影響を与える要因を価格形成要因といい、一般的要因、地域要因及び個別的要因に分けられる。

𝐴 ○ 不動産の効用、相対的稀少性、不動産に対する有効需要の三者に影響を与える要因を価格形成要因といいます。一般的要因、地域的要因および個別的要因に分けられます。

## ［3］地域分析および個別分析

不動産の鑑定評価を行うためには、最初の段取りがあります。鑑定しようとする不動産に係る価格形成要因の作用を把握し、分析します。これが地域分析です。そして、対象不動産の個別分析を通じて**最有効使用を判定**したうえで、価格を求めることになります。不動産、特に土地は全く同じものが存在しないため、こうした分析が重要になります。

### ❶地域分析

地域分析とは、その対象不動産がどのような地域に存するか、その地域はどのような特性を有するか、また、対象不動産に係る市場はどのような特性を有するか、およびそれらの特性はその地域内の不動産の利用形態と価格形成について全般的にどのような影響力を持っているかを分析し、判定することです。

### ココに注意！

最有効使用とは、その不動産について目いっぱい活用できた場合にどれだけの価値を生じるか、という使い方です。不動産の価格は、その不動産の最有効使用を前提として把握される価格を標準として形成されます。そのため不動産の鑑定評価に際しては、対象不動産の最有効使用を判定する必要があるのです。

●地域分析をするにあたり重要となる地域

用途的観点から区分される用途的地域（近隣地域・類似地域）と、同一需給圏といわれる地域があります。

| 近隣地域 | 対象不動産の属する用途的地域で、より大きな規模と内容とを持つ地域である都市あるいは農村等の内部にあって、居住、商業活動、工業生産活動など人の生活と活動とに関して、ある特定の用途に供されることを中心として地域的にまとまりを示している地域のこと。対象不動産の価格の形成に関して直接に影響を与える特性がある |
|---|---|
| 類似地域 | 近隣地域の特性と類似する特性を有する地域。類似地域に属する不動産は、特定の用途に供されることを中心として地域的にまとまりを持っている |
| 同一需給圏 | 対象不動産と代替関係が成立して、その価格の形成について相互に影響を及ぼすような関係にある他の不動産の存する地域圏のこと |

●同一需給圏

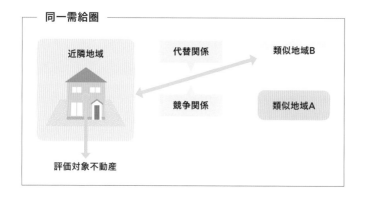

## ❷個別分析

個別分析とは、対象不動産の個別的要因が対象不動産の利用形態と価格形成についてどのような影響力を持っているかを分析して、その最有効使用を判定することです。

### ●個別分析

例)**評価対象不動産が住宅地域にある場合**

　　⇒地域分析で標準的使用、個別分析で最有効使用を判定します。

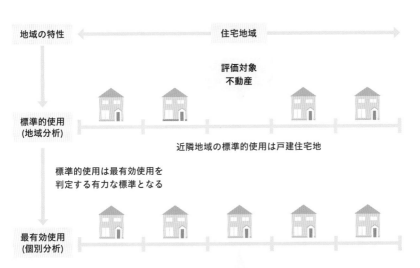

近隣地域の標準的使用は戸建住宅地

評価対象不動産で最有効使用は
戸建住宅地

**ココに注意!**

　個別分析においては、対象不動産の個別的要因を分析したうえで、最有効使用を判定します。それぞれの不動産の最有効使用は、近隣地域の特性の制約のもとにあるため、特に近隣地域にある不動産の標準的使用との関係をハッキリさせて判定をする必要があります。

## 〔4〕価格の種類

鑑定評価により求める価格には種類があります。少し難しい内容ですが、それぞれの定義について把握しておきましょう。原則としては、正常価格が用いられます。

| 原則 | 正常価格 |

正常価格とは、**市場性を有する不動産**について、現実の社会経済情勢の下で合理的と考えられる条件を満たす市場で形成されるであろう市場価値を表示する適正な価格をいいます。つまり、多数の市場参加者が納得できる価格である、ということです。現実の社会経済情勢の下で合理的と考えられる条件を満たす市場とは、次の条件を満たす市場をいいます。

> 現実の社会経済情勢の下で合理的と考えられる条件
> ①市場参加者が自由意思に基づいて市場に参加し、参入・退出が自由であること
> ②取引形態が、市場参加者が制約されたり、売り急ぎや買い進みなどを誘引するような特別なものではないこと
> ③対象不動産が相当の期間、市場に公開されていること

| 特殊な場合 |

## ❶限定価格

限定価格とは、**市場性を有する不動産**について、不動産と取得する他の不動産との併合または不動産の一部を取得する際の分割等に基づき正常価格と同一の市場概念の下において形成されるであろう市場価値と乖離(かいり)することにより、市場が相対的に限定される場合における取得部分の当該市場限定に基づく市場価値を適正に表示する価格をいいます。次のような場合に限定価格を求めることができます。

> 限定価格を使用する場合
> ①借地権者が底地(自分が借地している土地)の併合を目的とする売買に関連する場合
> ②隣接不動産の併合を目的とする売買に関する場合　など

## ●限定価格の例

⇒底地の併合を目的とする売買の場合

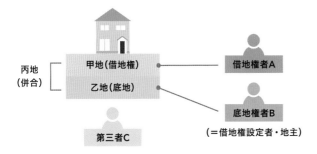

### 限定価格

●借地権者Aが乙地を買う場合⇒ **800万円**（Aは土地・建物ともに自己所有となるため、市場価値が上昇する）

### 正常価格

●第三者Cが乙地を買う場合⇒ **600万円**（Cは土地の所有者だけど、土地の利用は不可）

借地権者Aと第三者Cとでは、乙地を手に入れたい気持ちが異なります。Cにしてみれば、乙地は世の中にある土地の一つですが、借地権者Aにしてみれば、土地の所有者になれるわけですから、相場（正常価格）よりも高い価格で購入しても十分にメリットがあります。このように借地権者Aと底地権者Bならでこその「限定された市場」での価格を「限定価格」といいます。なお、もしもAが限定価格よりも高い価格で買うとなると、逆に損になるとも考えられます。

**ココに注意！**

限定価格とは、開かれた市場における価格ではなく、限定された市場における価格と考えましょう。つまり、「売る人と買う人が限定された極端なケース」というイメージです。

## ❷特定価格

特定価格とは、**市場性を有する不動産**について、法令等による社会的要請を背景とする鑑定評価目的の下で、正常価格の前提となる諸条件を満たさないことにより正常価格と同一の市場概念の下において形成されるであろう市場価値と乖離（かいり）する場合における不動産の経済価値を適正に表示する価格のことです。

特定価格を求める場合
①証券化対象不動産に係る鑑定評価目的の下、投資家に示すための投資採算価値を表す価格を求める場合
②民事再生法に基づく鑑定評価の下、早期売却を前提とした価格を求める場合
③会社更生法または民事再生法に基づく鑑定評価目的の下、事業の継続を前提とした価格を求める場合

**ココに注意！**

市場性を有するものの、法令などによる特定の評価目的の下、正常価格とは異なることを前提として求める価格です。

## ❸特殊価格

特殊価格とは、**一般的に市場性を有しない不動産**について、その利用現況等を前提とした不動産の経済価値を適正に表示する価格をいいます。おもに文化財などの建築物が該当します。

> 特殊価格を求める場合
> ⇒おもに保存のために鑑定評価を行う場合
> ①文化財の指定を受けた建造物
> ②神社や仏閣など、宗教建築物
> ③現況による管理を継続する公共公益施設の用に供されている不動産

**ココに注意!**

市場性を有しない不動産で、保存などを必要とする場合には、市場での取引を前提としない特殊価格として求めます。それからここで何度も出てきた、「市場性を有する不動産」とは、「一般的に不動産市場の流通に乗せて取引することのできる物件」のことであると考えておくとよいでしょう。

**過去問を解こう**

（平成28・問25-1）

**Q** 不動産の鑑定評価によって求める価格は、基本的には正常価格であるが、市場性を有しない不動産については、鑑定評価の依頼目的及び条件に応じて限定価格、特定価格又は特殊価格を求める場合がある。

限定価格、特定価格はともに市場性を有する不動産についての価格となります。市場性を有しない不動産であれば、特殊価格を求めることになります。

# ② 不動産鑑定評価の手法

## ［1］ 不動産鑑定評価の手法について

不動産の鑑定評価の手法には、原則として原価法、取引事例比較法、収益還元法の3つがあります。このほか開発法という手法もあります。鑑定評価を行う際には、対象不動産の特性などに応じて、これらの手法を駆使することになります。

### ❶原価法

価格時点（鑑定評価額を判定する年月日）における対象不動産の再調達原価（不動産を価格時点において再調達することを想定した場合において必要とされる適正な原価の総額）を求め、必要な減価修正を行って、対象不動産の試算価格（**積算価格**）を求める手法です。

#### ●原価法の計算方法
例）**築15年の中古住宅を原価法で求める場合**

### 減価修正

| 再調達原価 | | 減価額 | | 積算価格 |
|---|---|---|---|---|
| 価格時点で新築したらいくらになるか | ＝ | 15年間の経年劣化分を引く | ＝ | 不動産の試算価格を求める |

減価修正は

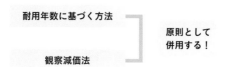

耐用年数に基づく方法
観察減価法
原則として併用する！

> **原価法を使う場合**
> 対象不動産が建物とその敷地であって、再調達原価の把握と減価修正を適切に行えるときに有効に使えます。土地のみの場合でも、造成地や埋立地など、再調達原価を適切に求めることができるときに適用が可能です。ただし、既成市街地のように再調達原価が把握できないような場合には使えません。

## ❷取引事例比較法

取引事例を数多く集めて適切な事例の選択を行い、これらの取引価格に必要に応じて事情補正および時点修正を行う手法です。さらに地域要因の比較および個別的要因の比較を行って求められた価格をもとに、不動産の試算価格（**比準価格**）を求めます。取引事例比較法は、「近隣地域または同一需給圏内の類似地域等において、対象不動産と類似の不動産の取引が行われている場合」や「同一需給圏内の代替競争不動産の取引が行われている場合」に、有効に適用できます。

> 取引事例に必要な要件
> ①取引が正常と認められること、または正常なものに補正できること
> ②時点修正が可能なものであること
> ③地域要因、個別的要因の比較が可能であること

●取引事例比較法

| 適切な事例を選択 |
|---|
| 事例1：近隣の土地が1年前に2,000万円で売れた |
| 事例2：ここ1年間で地価が上昇している |

できるだけ多くの
事例を集める

**①事情補正**

**②時点修正**

**③地域要因の比較**

**④個別的要因の比較**

**⑤求めた価格を比較考量**

**⑥比準価格**

**事情補正**：取引事例が特殊な事情を含み、取引価格に影響を及ぼしている場合に補正をすること。
**時点修正**：価格時点より前に売れた取引事例の価格を価格時点の価格にあわせて修正すること。

**ココに注意！**

投機的取引は「正常な取引」にはならないので、事例としては採用できません。投機的取引とは、たとえば、不動産市場の変動により、生まれる差額で利益を得るための取引のことです。「土地ころがし」などの行為が該当します。

## ❸収益還元法

対象不動産を賃貸や事業用で活用することで将来生み出すであろうと期待される純収益の現在価値の総和を求めることによって、不動産の試算価格（**収益価格**）を求める手法です。賃貸用不動産などに適していて、「このビルを貸すことで、どのくらいの賃料を得られるか」を概算します。ほかにも賃貸以外の事業の用に供する不動産の価格を求める場合にも有効です。自分の持っている不動産でも賃貸することを想定して使えます。

### ●収益価格を求める2つの方法

| 直接還元法 | 一期間（一般に1年）の純収益を還元利回りによって還元する方法 |
|---|---|
| DCF（Discounted Cash Flow）法 | 連続する複数の期間に発生する純収益および復帰価格を、その発生時期に応じて現在価値に割り引き、それぞれを合計する方法 |

**ココに注意！**

収益価格を求める場合に用いるのは総収益ではなく、純収益となります。ちなみに、総収益とは、賃貸用の不動産から得られる年間の賃料の総合計額のこと、純収益とは、不動産に帰属する適正な収益のことで、総収益から総費用を引いて求めます。

# 過去問を解こう

## 過去問 ①

(平成28・問25-3)

**Q** 鑑定評価の各手法の適用に当たって必要とされる取引事例等については、取引等の事情が正常なものと認められるものから選択すべきであり、売り急ぎ、買い進み等の特殊な事情が存在する事例を用いてはならない。

**A** ✕ 売り急ぎ、買い進み等の特殊な事情が存在する事例で、正常なものに補正できるものは、取引事例として用いることが可能です。

## 過去問 ②

(令和2(10月)・問25-4)

**Q** 原価法は、対象不動産が建物及びその敷地である場合において、再調達原価の把握及び減価修正を適切に行うことができるときに有効な手法であるが、対象不動産が土地のみである場合には、この手法を適用することはできない。

**A** ✕ 土地であっても、再調達価格の把握および減価修正を適切に行うことができるのであれば、原価法を適用できます。

講義 3

# 地価公示法

地価公示法をマスターするには、
その中心となる「土地鑑定委員会」の活躍ぶりについて、
しっかりと押さえることです。
土地鑑定委員会が行っていることを知ることで、
地価公示のしくみがよくわかるようになります。

# 1 地価公示

## ［1］地価公示とは

### ❶地価公示法の目的

地価公示法では、都市およびその周辺の地域等において、標準地を選定し、その正常な価格を公示することにより、「一般の土地の取引価格を決めるにあたっての指標を与え」、および「公共の利益となる事業の用に供する土地に対する適正な補償金の額の算定等に資し、もって適正な地価の形成に寄与すること」を目的としています。

### ❷地価公示はどのように行うか

地価公示を行うのは、「土地鑑定委員会」です。土地鑑定委員会は、毎年1月1日時点での地価を判定し、年に1回、公示します。公示する内容は、公示区域内の標準地についての、その土地の1㎡あたりの正常な価格についての公示となります。地価公示ですので、土地の価格を公示するものであり、その土地に建物が建てられている場合は、その建物がないものとして（更地であるものとして）取り扱われます。官報での公示は、3月に行われています。

#### ●いつ、誰が、どこの土地の価格を公示するのか

| 地価公示が行われるのは（いつ） | 地価公示を行うのは（誰が） | どこの土地の価格か |
|---|---|---|
| 年1回 | 土地鑑定委員会 | 標準地の1㎡あたりの価格 1月1日時点での |

ココに注意！

地価公示を行うにあたり、中心となるのは、土地鑑定委員会です。都道府県知事ではないので、注意してください。この土地鑑定委員会が置かれているのは国土交通省で、委員会は、委員7人をもって組織されます。

## 過去問を解こう

### 過去問 ①

（令和3（12月）・問25-1）

 地価公示法の目的は、都市及びその周辺の地域等において、標準地を選定し、その正常な価格を公示することにより、一般の土地の取引価格に対して指標を与え、及び公共の利益となる事業の用に供する土地に対する適正な補償金の額の算定等に資し、もって適正な地価の形成に寄与することである。

 $\mathscr{A}$ ◯ 問題文のとおり、地価公示法にもそのままの文言が記されています。地価公示の目的は、地価の適正な価格の形成に寄与することを目的としています。

### 過去問 ②

（平成29・問25-2）

 土地鑑定委員会は、公示区域内の標準地について、毎年2回、2人以上の不動産鑑定士の鑑定評価を求め、その結果を審査し、必要な調整を行って、一定の基準日における当該標準地の単位面積当たりの正常な価格を判定し、これを公示するものとされている。

 $\mathscr{A}$  ✕ 地価公示は、毎年1回、一定の基準日（1月1日）について公示を行うものとされています。毎年2回ではありません。

## [2] 地価公示の手続き

地価公示を行うのは土地鑑定委員会です。どのように手続きを進めていくのかを、見ていきましょう。

●地価公示の手続きの流れ

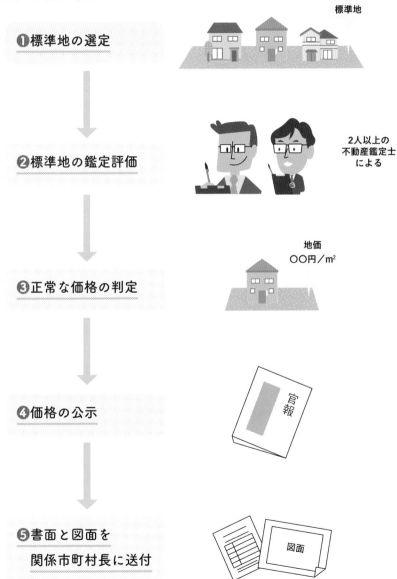

❶標準地の選定

標準地

❷標準地の鑑定評価

2人以上の
不動産鑑定士
による

❸正常な価格の判定

地価
〇〇円／m²

❹価格の公示

官報

❺書面と図面を
　関係市町村長に送付

図面

243

# ❶標準地の選定

土地鑑定委員会が、公示区域内に一定数の標準地（一団の土地）を選定します。標準地は、土地鑑定委員会が、自然的および社会的条件からみて類似の利用価値を有すると認められる地域において、土地の利用状況、環境、形状などが**通常と認められる一団の土地**について選定します。

● 標準地の選定

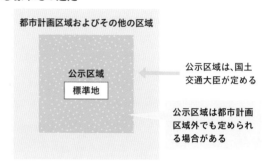

都市計画区域およびその他の区域

公示区域

標準地

公示区域は、国土交通大臣が定める

公示区域は都市計画区域外でも定められる場合がある

## ココに注意！

標準地として選定されるのは、都市計画区域内に限りません。公示区域は、「都市計画区域内プラスその他の区域で土地取引が相当程度見込まれる区域」なので、都市計画区域外でも定められる場合があります。この公示区域内で、標準地は定められます。

「通常と認められる」とは

普通の条件である、ということです。下の図の例のように、よく見かけるような住宅地が該当する、と考えておくとよいでしょう。

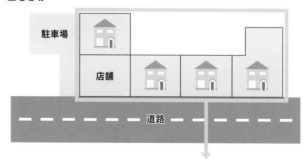

住宅地域

駐車場

店舗

道路

「通常と認められる」住宅地を選んで
1m²あたりの価格を公示する

---

**一団の土地とは**

1人の者によってひとつの利用目的に供されている**1区画**の土地です。必ずしも土地登記簿の1筆の土地について選定するわけではありません。

A利用地　　　A利用地

**ともにAの利用地**

**ココに注意！**

土地鑑定委員または委員会の命を受けた者もしくは委任を受けた者は、標準地の選定を行うために必要な限度で他人の占有する土地に立ち入ることができます。そのためには、立入りの3日前までに、その旨を土地の占有者に通知しなければなりません。

## ❷標準地の鑑定評価

標準地については、2人以上の不動産鑑定士が鑑定評価を行います。この場合、**講義2「不動産鑑定評価基準」**（p226〜参照）でも登場した、3つの鑑定評価方式を用いることになります。また、標準地の鑑定評価を行った不動産鑑定士は、土地鑑定委員会に、鑑定評価額その他の事項を記載した「鑑定評価書」を提出しなければなりません。

●価格の種類と鑑定評価方式

| 価格の種類 | 鑑定評価方式 |
|---|---|
| ①近傍類地の取引価格から算定される推定の価格 | 取引事例比較法 |
| ②近傍類地の地代等から算定される推定の価格 | 収益還元法 |
| ③同等の効用を有する土地の造成に要する推定の費用の額 | 原価法 |

鑑定評価書のおもな記載事項
①標準地に関する事項および国土交通省令で定める事項(❹価格の公示の内容参照)
②鑑定評価額および価格判定の基準日
③鑑定評価額の決定の理由の要旨
④鑑定評価を行った不動産鑑定士の氏名および住所

ココに注意!

標準地の鑑定評価を行った不動産鑑定士は、正当な理由がないのにその鑑定評価についての秘密を漏らしてはなりません。重要な情報なので、当然ですね。

## ❸正常な価格の判定

土地鑑定委員会が、2人以上の不動産鑑定士の鑑定評価をもとに調整を行い、一定の基準日(1月1日)における標準地の単位面積(1㎡)あたりの正常な価格を判定します。

ココに注意!

正常な価格とは、「土地について自由な取引が行なわれるとした場合におけるその取引において、通常成立すると認められる価格」のことです。もし、その土地に、建物や地上権などその他の権利がある場合には、「これらの定着物または権利がないものとして通常成立すると認められる価格」、つまり更地の価格となります。

## ❹価格の公示

土地鑑定委員会は、標準地の単位面積あたりの正常な価格を判定したときは、すみやかに、次の事項を**官報で公示**しなければなりません。

官報で公示する事項
①標準地の所在の郡、市、区、町村および字ならびに地番
②標準地の単位面積あたりの価格および価格判定の基準日
③標準地の地積および形状
④標準地およびその周辺の土地の利用の現況(周辺の土地の取引価格に関する情報は公示しません)
⑤その他国土交通省令で定める事項

## ●地価公示の例

| 標準地番号 | 浦安-13 |
|---|---|
| 所在及び地番 | 千葉県浦安市美浜●丁目●番● |
| 住居表示 | 美浜●-●-● |
| 調査基準日 | 令和6年1月1日 |
| 価格(円／㎡) | 308,000 (円／㎡) |
| 地積(㎡) | 167(㎡) |
| 形状(間口：奥行き) | (1.0：1.2) |
| 利用区分、構造 | 建物などの敷地、W(木造)2F |
| 利用状況 | 住宅 |
| 周辺の土地の利用状況 | 中規模住宅が建ち並ぶ区画整然とした住宅地域 |
| 前面道路の状況 | 南東　6.0m　市道 |
| その他の接面道路 | — |
| 給排水等状況 | ガス・水道・下水 |
| 交通施設、距離 | 新浦安、900m |
| 用途区分、高度地区、防火・準防火 | 第一種低層住居専用地域 |
| 森林法、公園法、自然環境等 | — |
| 建蔽率(%)、容積率(%) | 50(%) 100(%) |
| 都市計画区域区分 | 市街化区域 |

税・その他

講義3　地価公示法

# ❺書面と図面を関係市町村長に送付

公示後に関係市町村の長に対して、公示事項に関する書面や図面(図書)を送付します。

送付する書面と図面
① 公示事項のうち、当該市町村が属する都道府県に存する標準地に係る部分を記載した書面
② 当該標準地の所在を表示する図面

**ココに注意!**

公示に係る事項を記載した書面などは、市町村（または特別区、指定都市の区）の事務所において、誰でも閲覧することができます。

247

# ② 公示価格の効力とは

## ［1］ 公示価格のもつ効力

公示価格には、次のような効力があります。「指標」と「規準」の言葉の意味の違いについて理解しておきましょう。

### ❶一般の土地取引を行う場合

地価公示法で定められているように、都市およびその周辺の地域などにおいて、土地の取引を行う者は、**取引の対象土地に類似する利用価値を有する**と認められる**標準地**について公示された価格を**指標として取引を行う**ように努めなければなりません。つまり「一般に土地取引を行う場合は、公示価格を目安にするようにしてください」ということなのです。

**●土地取引を行う場合の指標にする**

例）**1㎡あたり10万円の標準地の近隣にあるA所有地の売買をする場合**

⇒標準地の価格を目安にして、土地の価格を決めます。

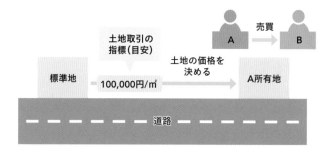

ココに注意!

一般的な土地取引では、「公示された価格を指標として取引を行うよう努めなければならない」としています。つまり、「努めてください」と努力することをお願いしているのです。こうした義務のことを「努力義務」といったりします。

Q 都市及びその周辺の地域等において、土地の取引を行う者は、取引の対象土地から最も近傍の標準地について公示された価格を指標として取引を行うよう努めなければならない。

A ✕ 最も近傍の標準地について公示された価格を指標とするのではなく、取引の対象土地に類似する利用価値を有すると認められる標準地について公示された価格を指標として取引を行うよう努めなければなりません。

## ❷鑑定評価を行う場合

不動産鑑定士は、公示区域内の土地について鑑定評価を行う場合で、土地の正常な価格を求めるときは、公示価格を**規準**としなければなりません。

●鑑定評価を行う場合

例)**不動産鑑定士が、1㎡あたり10万円の標準地の公示区域内で土地の鑑定評価を行う場合**

⇒標準地の公示価格を規準とします。

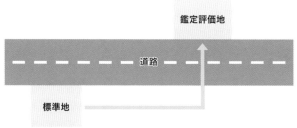

鑑定評価地

道路

標準地

100,000円/㎡

**不動産鑑定士が
規準とする価格**

### ココに注意!

「規準とする」とは、公示価格と対象土地の価格のバランスを保つことをいいます。一般の土地取引を行う場合に登場する「指標」は、あくまでも目安でそれを用いるかどうかはおまかせします、という意味合いとなりますが、不動産鑑定士が行う鑑定評価では「規準としなければならない」としていますから、必ず公示価格に従うこととなります。

### ❸土地の取得価格を定める場合

土地収用法その他の法律によって土地を収用することができる事業を行う者は、公示区域内の土地を当該事業の用に供するために取得する場合で、当該土地の取得価格を定めるときは、公示価格を**規準**としなければなりません。

### ●土地の取得価格を定める場合

例）**公共事業によって、1㎡あたり10万円の標準地付近の土地を、都市計画道路事業のために取得する場合**

⇒公共事業者が標準地の公示価格を規準として、取得価格を定めます。

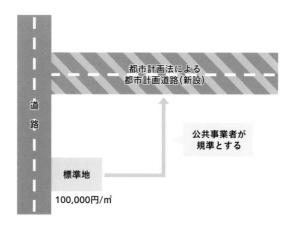

**ココに注意！**

国や地方公共団体が民間に公有地等を売却する際の価格については、このような義務はありません。

250

「標準地について公示された
価格を指標として取引を
行うよう努めなければならない」
とは、どんな意味？

標準地について
公示された価格を
目安として取引を行うよう
努力してくださいね、
という意味です。

ココは覚えよう！
1コマ講義

「指標」とは
あくまでも
目安ですね。

講義 4

# 住宅金融支援機構

試験では、住宅金融支援機構法に規定されている
住宅金融支援機構の業務内容からも1題出題されます。
ただし、範囲が広くすべてを理解するのは大変なので、
過去問に出題されている内容について、目を通しておきましょう。
重要ポイントは「証券化支援業務」と「直接融資を行える場合」です。

# 1 独立行政法人住宅金融支援機構

## 〔1〕独立行政法人住宅金融支援機構とは

独立行政法人住宅金融支援機構（以下「機構」といいます）は、証券化支援を主な業務とする政府全額出資の組織です。

**ココに注意！**

機構は、旧住宅金融公庫（以下、公庫といいます）の流れを汲んで、平成19（2007）年に創設されました。所管は、国土交通省および財務省です。

## 〔2〕機構の特徴

機構は、その名前のとおり、住宅の建築等を行おうとする者や、住宅の建設等に関する事業を行う者に対しての金融的な支援を行うことをその目的としています。住宅などを建てるときに、その資金をどのように準備するかは、人それぞれです。多くの場合は、住宅ローンを使うなどの方法によりますが、住宅ローンは銀行などの金融機関が直接融資してくれます。しかし、機構は、その"直接融資"を原則として行っていません。

# 2 機構の目的

## [1] 機構の目的

機構の目的は、おおむね次の3つに分けられます。

> 住宅金融支援機構の目的
> ①一般の金融機関による資金の融通への支援
> ②良質な住宅の建設等を促進するための情報の提供
> ③一般の金融機関による資金の融通の補完

**ココに注意!**

機構では、公庫が実施してきた個人向け住宅の長期・低利の直接融資をするのではなく、銀行などが貸し付けた住宅ローンの債権を買い取って証券化し、市場で販売（投資家に転売）する"支援業務"を行うことが中心となっています。機構が債権を買い取ることで、金融機関は低利で長期・固定金利の住宅ローンを安心して提供できるというわけです。

# 3 機構の主な業務

機構が行う主な業務は、証券化支援業務のほか、保険業務、直接融資業務、情報提供業務、団体信用生命保険業務があります。

## [1] 証券化支援業務ほか

次の❶と❷は「証券化支援業務」と呼ばれるものです。「フラット35」を基にして証券化支援業務を行います。フラット35は、公庫が創設した長期金利固定型の住宅ローンで、民間金融機関と機構が提携して提供する最長35年の全期間固定金利住宅ローンです。

## ❶証券化支援業務（買取型）

買取型とは、銀行や保険会社といった一般の金融機関が行う住宅の建設または購入<sup>(☆)</sup>に必要な資金の貸付債権を買い取る（譲り受ける）ことです。証券化とは、機構が民間金融機関から買い取った住宅ローン債権を担保として、投資家に住宅金融支援機構債権（MBS）を発行することです。

☆住宅の購入に附随する改良が含まれます。

### ●証券化支援業務（買取型）のしくみ

機構は、MBSの発行代金を投資家から受け取ります。機構は、MBSの発行代金により、金融機関に対して住宅ローン債権の買取代金を支払うことができます。そして、金融機関は、その譲渡債権にかかる管理・回収業務を受託し、住宅ローンの顧客から元利金の返済を受けます。その返済金は機構に渡されるので、機構はその返済金を元に、発行したMBSについて、投資家に対して元利払いを行い、投資家は投資に見合った収益を上げることができます。そうすることで、お金をうまく運用している、というわけです。

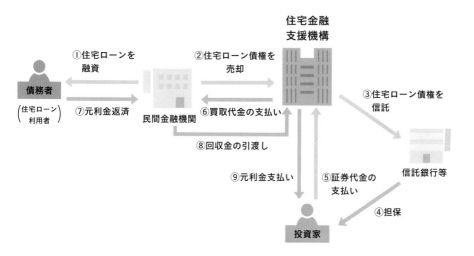

---

**用語解説 住宅金融支援機構債権**（MBS）

住宅ローンに係る債権を担保にしている資産担保証券（Mortgage Backed Security）のことです。

## ❷証券化支援業務（保証型）

保証型とは、住宅ローン利用者（債務者）が返済不能となった場合に民間金融機関に対して保険金の支払いをする住宅融資保険の引受けを行うことです。

期日どおりの
元利払いの
保証

住宅金融
支援機構

投資家

## ❸住宅融資保険法による保険業務

民間住宅ローンの返済ができなくなったときに、機構が金融機関に対して保険金を支払います。これは住宅融資保険法で定められている保険業務です。

### 団体信用生命保険

住宅ローンの返済については、その返済期間は長期にわたります。その間に、住宅ローンを借りた人が病気になったりけがをしたりして、働けなくなった場合は大変です。そこで、団体信用生命保険に加入しておけば、住宅ローンを借りた人が死亡したり、重度障害者になったときなどに支払われる保険金を、金融機関が住宅ローンの残額に充当してくれるというものです。

## 過去問を解こう

### 過去問 ①

（平成29・問46-4）

**Q** 独立行政法人住宅金融支援機構の証券化支援業務（買取型）において、機構による譲受けの対象となる住宅の購入に必要な資金の貸付けに係る金融機関の貸付債権には、当該住宅の購入に付随する改良に必要な資金も含まれる。

  証券化支援業務（買取型）において、機構による譲受けの対象となる住宅の購入に必要な資金の貸付けに係る金融機関の貸付債権には、当該住宅の購入に付随する改良に必要な資金も含まれます。

過去問 ②

 独立行政法人住宅金融支援機構は、団体信用生命保険業務として、貸付けを受けた者が死亡した場合のみならず、重度障害となった場合においても、支払われる生命保険の保険金を当該貸付けに係る債務の弁済に充当することができる。

 ○ 機構は、団体信用生命保険業務として、貸付けを受けた者、つまり住宅ローンを借りた人が死亡した場合や重度障害となった場合に、生命保険の保険金を弁済にあてることができます。

## ［2］情報の提供

住宅の建設や購入、改良もしくは移転（以下「建設等」といいます）をしようとする者または住宅の建設等に関する事業を行う者に対して、ローンなどの必要な資金の調達または良質な住宅の設計もしくは建設等に関する情報の提供や相談その他の援助を行っています。

ココに注意！

 情報の提供、相談その他の援助を行う業務は、証券化支援業務と合わせて、とても重要な機構の業務といえます。

## 〔3〕直接融資業務

機構は、直接融資の業務は行わないということでした。ですが、政策的に重要でありながら民間では融資が困難である場合には、機構が民間金融機関に代わり、資金需要者に対して直接融資を行います。直接融資は、災害関連、子育て家庭・高齢者向け賃貸住宅の建設等の一般金融機関による**融資が困難な分野**に限り行っているのです。詳しくは次のとおりです。

直接融資　住宅金融支援機構　高齢者の家庭向けなど

直接融資となる対象
・災害復興建築物の建設・購入、被災建築物の補修に必要な資金
・災害予防代替建築物の建設・購入、災害予防移転建築物の移転に必要な資金、災害予防関連工事、地震に対する安全性の向上を主たる目的とする住宅の改良に必要な資金
・合理的土地利用建築物の建設または購入に必要な資金、マンションの共用部分の改良に必要な資金
・子どもを育成する家庭、高齢者の家庭（単身の世帯を含む）向けの優良な賃貸住宅などの建設改良に必要な資金
・高齢者の家庭に適した良好な居住性能（バリアフリー）および住環境を有する住宅への改良を目的とした資金
・住宅のエネルギー消費性能の向上を主たる目的とする住宅の改良に必要な資金

ココに注意！

機構が行う直接融資の場合、諸事情により、元利金の返済が難しくなったときは、貸付け条件や支払方法を変更することができます。ただし、元利金返済自体の免除はできません。

高齢者向け返済特例制度
機構が行う直接融資での「高齢者向けの貸付け」では、貸付けを受ける者との間で生存中は金利の支払いのみとするなどの一定の契約を締結し、貸付けを受けた者が死亡した時などに支払われる生命保険金等で借入金を返済する特例が設けられています。これを死亡時一括償還型融資といいます。リバースモーゲージともいわれます。

**ココに注意！**

高齢者向け返済特例の一定の契約とは、次の条件であることが必要です。
・高齢者が自ら居住する住宅の改良（バリアフリーや耐震改修）
・高齢者が自ら居住するマンションの共用部分の改良

\ 過去問を解こう /

（平成26・問46-3）

 独立行政法人住宅金融支援機構は、高齢者の家庭に適した良好な居住性能及び居住環境を有する住宅とすることを主たる目的とする住宅の改良（高齢者が自ら居住する住宅について行うものに限る。）に必要な資金の貸付けを業務として行っている。

   問題文のとおりです。機構はこのほかに、高齢者の居住の安定確保に関する法律に規定する登録住宅とすることを主たる目的とする人の居住の用に供したことのある住宅の購入に必要な資金の貸付けや、その他勤労者財産形成持家融資も行っています。

# 4 その他の業務

## ［1］旧住宅金融公庫から引き継いだ業務

機構の前身の旧住宅金融公庫の業務を一部引き継いでいます。

旧住宅金融公庫から引き継いだ業務
①大震災関連の法律に基づく一定の貸付け業務
②勤労者財産形成促進法等による貸付け（財形住宅融資）業務
③公庫が貸し付けた資金にかかる債権（既往債権）の管理・回収業務

税・その他

講義4 住宅金融支援機構

# 5 業務の委託

機構は、一定の業務を次の者に委託することができます。

### ❶一定の金融機関

委託するのは

⇒貸付債権に係る元利金の回収、および団体信用生命保険に関する弁済業務ならびに直接融資(p258参照)など

### ❷法律に規定する債権回収会社

委託するのは ⇒貸付債権に係る元利金の回収について

### ❸地方公共団体その他一定の法人（指定確認検査機関など）

委託するのは ⇒貸付けに係る工事や建築物などの審査について

ココに注意！

機構は、直接融資での貸付けの決定を委託することはできません。

## [2] 報告・調査など

### ❶機構による報告・調査など

機構は、必要があると認めるときは、業務の委託を受けた者に対して、その委託を受けた業務について報告を求めたり、機構の役員もしくは職員に、その委託を受けた業務について必要な調査をさせることができます。

### ❷主務大臣による報告・調査など

主務大臣は、独立行政法人住宅金融支援機構法を施行するため必要があると認めるときは、委託を受けた者(受託者等といいます)に対して、その委託を受けた業務に関して報告をさせ、またはその職員に、受託者などの事務所に立ち入り、その委託を受けた業務に関し業務の状況もしくは帳簿、書類その他の必要な物件を検査させることができます。

ココは覚えよう！
1コマ講義

住宅金融支援機構の
主な業務は？

証券化支援事業と
直接融資業務！

# 講義5

# 景品表示法・公正競争規約

この科目は、例年1問の出題となっています。
登録講習の修了者は免除科目です。免除でない人も、
規制の具体的な内容を一つでも多く覚えておくことで、
得点源にできます。規制は、表示規約とその施行規則の
重要なものを挙げてありますので、
試験直前に見直しておくとよいでしょう。

# 1 景品表示法と公正競争規約

## [1] 景品表示法と公正競争規約

広告に関する規制は、「宅地建物取引業法」で、規制を設けています。そのほか、広告に関しては、「景品表示法（不当景品類及び不当表示防止法）」と、不動産業界が設けている自主規制ルールの「不動産の表示に関する公正競争規約（表示規約）」や、「不動産業における景品類の提供の制限に関する公正競争規約（景品規約）」で、その方法や表示について、必要な規制を加えています。

## [2] 景品表示法の目的

### ❶景品表示法の目的

景品表示法は、商品および役務の取引に関連する不当な景品類および表示による顧客の誘引を防止するため、一般消費者による自主的かつ合理的な選択を阻害するおそれのある行為の制限および禁止について定めることにより、一般消費者の利益を保護することを目的としています。

### ❷景品表示法の内容

景品類とは、顧客を勧誘するための手段として、事業者が自己の供給する商品または役務の取引に附随して相手方に提供する物品、金銭その他の経済上の利益であって、内閣総理大臣が指定するものをいいます。役務の取引には不動産に関する取引も含まれます。景品表示法では、景品類や取引条件について、不当な表示を禁止しています。

ココに注意！

「不当な表示」とは、著しく優良または著しく有利であると一般消費者に誤認される表示であって、不当に顧客を誘引し、公正な競争を阻害するおそれがあると認められる表示です。

# 2 不動産の表示に関する公正競争規約（表示規約）

## [1] 不動産の表示に関する公正競争規約

不動産の表示に関する公正競争規約（表示規約）は、景品表示法の具体的な判断基準となるもので、取引物件および取引条件を明確にするために、具体的な表示方法を列挙しています。表示規約は、事業者または事業者団体の規約または協定で、内閣総理大臣および公正取引委員会の認定を受けたものです。規約および施行規則で、規制内容をまとめています。

●景品表示法と公正競争規約の関係

| 景品表示法第31条 |
| --- |
| 事業者団体は自主的な規約を設定できる |

| 不動産公正取引協議会連合会 |
| --- |
| 不動産の表示に関する公正競争規約(表示規約)を設定<br>不動産業における景品類の提供の制限に関する公正競争規約(景品規約)を設定 |

ここでいう「事業者」とは、宅地建物取引業者で、公正取引協議会の構成団体に属するもの、および公正競争規約に個別に参加するもののことをいいます。

# ［2］表示規約の内容

表示規約の主な内容について、見ていきましょう。

## ❶広告表示の開始時期の制限

事業者は、宅地の造成または建物の建築に関する工事の完了前においては、宅建業法第33条に規定する許可等の処分があった後でなければ、当該工事に係る宅地または建物の内容または取引条件その他取引に関する広告表示をしてはなりません。

## ❷必要な表示事項

事業者は、規則で定める表示媒体を用いて物件の表示をするときは、物件の種別ごとに、次に掲げる事項について、規則で定めるところにより、見やすい場所に、見やすい大きさ、見やすい色彩の文字により、分かりやすい表現で明りょうに表示しなければなりません。

> **必要な表示事項**
> ①広告主に関する事項
> ②物件の所在地、規模、形質その他の内容に関する事項
> ③物件の価格その他の取引条件に関する事項
> ④物件の交通その他の利便および環境に関する事項
> ⑤そのほか、規則で定める事項

## ❸特定事項の明示義務

事業者は、一般消費者が通常予期することができない物件の地勢、形質、立地、環境等に関する事項または取引の相手方に著しく不利な取引条件であって、規則で定める事項については、それぞれその定めるところにより、見やすい場所に、見やすい大きさ、見やすい色彩の文字により、分かりやすい表現で明りょうに表示しなければなりません。

# ■特定事項の具体例

## ●市街化調整区域に所在する土地

市街化調整区域に所在する土地については、「市街化調整区域。宅地の造成及び建物の建築はできません」と16ポイント以上の文字で明示すること。

## ●接道義務を満たしていない土地

建築基準法第42条に規定する道路に2m以上接していない土地については、「再建築不可」または「建築不可」と明示すること。

## ●路地状部分のみで道路に接する土地

路地状部分のみで道路に接する土地で、その路地状部分の面積が全体のおおむね30％以上を占めるときは、路地状部分を含む旨および路地状部分の割合または面積を明示すること。

## ●2項道路（みなし道路）を含む土地

建築基準法第42条第2項の規定により道路とみなされる部分（セットバックを要する部分）を含む土地については、その旨を表示し、セットバックを要する部分の面積がおおむね10％以上である場合は、併せてその面積を明示すること。

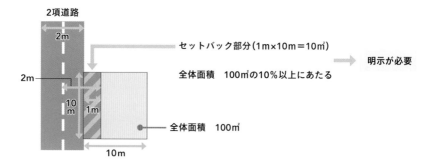

## ●古家、廃屋等が存在する土地

土地取引において、古家、廃屋等が存在するときは、その旨を明示すること。

**古家あり**
取壊し費用があとから
かかってしまうため

⟶ **明示が必要**

## ●高圧電線路下にある土地

土地の全部または一部が高圧電線路下にあるときは、その旨およびそのおおむねの面積を表示すること。また、建物その他の工作物の建築が禁止されている場合は、併せてその旨を明示すること。

## ●傾斜地を含む土地

傾斜地を含む土地であって、傾斜地の割合がおおむね30％以上を占める場合（マンションおよび別荘地等を除く）は、傾斜地を含む旨および傾斜地の割合または面積を明示すること。ただし、傾斜地の割合が30％以上を占めるか否かにかかわらず、傾斜地を含むことにより、その土地の有効な利用が著しく阻害される場合（マンションを除く）は、その旨および傾斜地の割合または面積を明示すること。

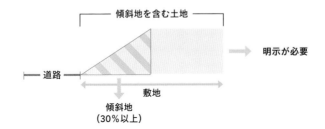

## ●著しい不整形画地など

土地の有効な利用が阻害される著しい不整形画地および区画の地盤面が2段以上に分かれているなどの著しく特異な地勢の土地については、その旨を明示すること。

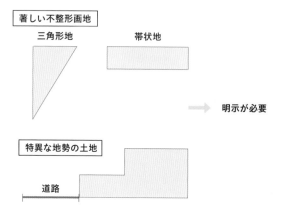

## ●道路法の規定または都市計画法に基づく都市計画施設の区域に係る土地

道路法の規定または都市計画法に基づく都市計画施設の区域に係る土地については、その旨を明示すること。

## ●建築工事に着手後、工事が相当の期間中断されていた建物

建築工事に着手した後に、同工事を相当の期間にわたり中断していた新築住宅または新築分譲マンションについては、建築工事に着手した時期および中断していた期間を明示すること。

## ❹二重価格表示の規制

値下げ前との価格を対比して表示する二重価格表示をする場合、過去の販売価格は、値下げの直前の価格であって、値下げ前2カ月以上にわたり実際に販売のために公表していた価格である必要があります。また、過去の販売価格の公表日および値下げした日を明示し、値下げの日から6カ月以内に表示しなければなりません。

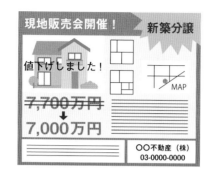

 ココに注意！

「二重価格表示」とは、実際に販売する価格に、これよりも高い価格、つまり比較対照価格をならべて記載することです。

## ❺おとり広告の禁止

わざと消費者を呼び込むために行う悪質な広告表示を「おとり広告」といいます。たとえば成約済みの物件なのに、いつまでも広告しているなど、実際に取引できない物件を表示しておくことです。このおとり広告を防止するために、事業者には、次に該当する表示の禁止が義務付けられています。

> おとり広告の禁止事項
> ①物件が存在しないため、実際には取引することができない物件に関する表示
> ②物件は存在するが、実際には取引の対象となり得ない物件に関する表示
> ③物件は存在するが、実際には取引する意思がない物件に関する表示

## ❻表示基準

事業者は、下記の事項について表示するときは、具体的に詳しく表示しなければなりません。

> 広告の表示基準
> ①取引態様、②物件の所在地、③交通の利便性、④各種施設までの距離または所要時間、⑤団地の規模、⑥面積、⑦物件の形質、⑧写真・絵図、⑨設備・施設等、⑩生活関連施設、⑪価格・賃料、⑫住宅ローン等、⑬その他の取引条件

# ■表示基準の具体例

## ●交通の利便性

公共交通機関は、現に利用できるものを表示し、特定の時期にのみ利用できるものは、利用できる時期を明示して表示すること。新設予定の鉄道、都市モノレールの駅やバスの停留所などについては、当該路線の運行主体が公表したものに限り、その新設予定時期を明示して表示することができます。

## ●所要時間

徒歩による所要時間は、道路距離80mにつき1分間を要するものとして算出した数値を表示すること。1分未満の端数が生じたときは、1分として算出すること。

## ●物件の形質

### （1）採光および換気

採光および換気のための窓その他の開放部の面積の当該室の床面積に対する割合が建築基準法第28条の規定に適合していないため、同法において居室と認められない納戸その他の部分については、「納戸」等と表示すること。

### （2）増築、改築、改装、改修

建物を増築、改築、改装、改修したことを表示する場合は、その内容および時期を明示すること。

## ●価格・賃料

### （1）土地の価格

土地の価格については、取引する全ての区画の価格を表示すること。ただし、分譲宅地の価格については、パンフレット等の媒体を除き、1区画あたりの最低価格、最高価格および**最多価格帯**ならびにその価格帯に属する販売区画数のみで表示することができます。この場合、販売区画数が10未満であるときは、最多価格帯の表示を省略することができます。これは住宅やマンションの分譲も同じです。

### （2）賃貸住宅の賃料

賃貸住宅（マンション・アパートなど）の賃料は、取引する全ての住戸の1カ月あたりの賃料を標示すること。ただし、新築賃貸マンションまたは新築賃貸アパートの賃料については、パンフレット等の媒体を除き、1住戸あたりの最低賃料および最高賃料のみで表示することができます。

### （3）管理費・共益費・修繕積立金

管理費・共益費・修繕積立金については、原則として1戸あたりの月額（予定額の場合はその旨）を表示すること。ただし、住戸により金額が異なる場合において、その全ての住戸の表示が困難であるときは、最低額および最高額のみで表示することができます。

## ❼特定用語の使用基準

次の用語を使用する場合の基準があります。

## ●新築

建築工事完了後1年未満であって、居住の用に供されたことがないものをいいます。

## ●新発売

新発売とは、新たに造成された宅地、新築の住宅または一棟リノベーションマンションについて、一般消費者に対し、初めて購入の申込みの勧誘を行うこと（一団の土地または建物を数期に区分して販売する場合は、期ごとの勧誘）をいい、申込みに際して一定の期間を設けるときは、その期間内における勧誘のことをいいます。

## ●DK・LDK

DKとは台所と食堂の機能が1室に併存している部屋のことです。LDKとは、居間と台所と食堂の機能が1室に併存している部屋のことです。ともに、住宅の居室数に応じ、その用途に従って使用するために必要な広さ、形状および機能を有するものをいいます。

## 過去問を解こう

### 過去問 ①

（平成29・問47-3）

Q 宅地建物取引業者がインターネット不動産情報サイトにおいて行った広告表示に関し、取引しようとする賃貸物件から最寄りの甲駅までの徒歩所要時間を表示するため、当該物件から甲駅までの道路距離を80mで除して算出したところ5.25分であったので、1分未満を四捨五入して「甲駅から5分」と表示した。この広告表示が不当表示に問われることはない。

   道路距離を80mで割り算して、端数が出たときは、繰り上げて1分として表示しなければいけません。そうしないと、距離が短いことになってしまうからです。

### 過去問 ②

（平成30・問47-2）

Q 宅地建物取引業者が行う広告に関して、土地上に古家が存在する場合に、当該古家が、住宅として使用することが可能な状態と認められる場合であっても、古家がある旨を表示すれば、売地と表示して販売しても不当表示に問われることはない。

  取引の対象となる土地上に古家、廃屋等が存在する場合は、その旨を明示しなければなりません。たとえ、その古家が住宅として使用することが可能な状態と認められる場合であっても、明示が必要です。

## ❽違反に対する措置

公正取引協議会は、表示規定に違反する行為があると認めるときは、当該違反行為を行った事業者に対し、違反行為を排除するために必要な措置を直ちにとるべきことと、違反行為を再び行ってはならないことを警告したり、または50万円以下の違約金を課すことができます。

**ココに注意！**

公正取引協議会は、事業者が警告を受けたのにもかかわらず、その警告違反をしていると認めるときは、事業者に対して500万円以下の違約金を課し、公正取引協議会の構成員である資格を停止、除名処分をし、または消費者庁長官に対し、必要な措置を講ずるよう求めることができます。

# ❸ 不動産業における景品類の提供の制限に関する公正競争規約（景品規約）

## ［1］ 不動産業における景品類の提供の制限に関する公正競争規約

事業者は、一般消費者に対して、下記の範囲を超えて景品類を提供してはいけません。

> 景品類の提供の制限
> ①懸賞により提供する景品類は、取引価額の20倍または10万円のいずれか低い価額の範囲。ただし、この場合において提供できる景品類の総額は、当該懸賞に係る取引予定総額の100分の2以内となります。
> ②懸賞によらないで提供する景品類は、取引価額の10分の1または100万円のいずれか低い価額の範囲となります。

講義6

# 土地・建物

土地や建物についても、試験で2題出題されますが、
基本的な知識を問われることが多いです。
土地は宅地に向いているかどうか、建物については
建物に使われる素材の特性や構造をまず押さえておきましょう。
この科目についても、過去問に出ている範囲は、
チェックしておいてください。

# 1 土地

## 〔1〕土地の特徴

まずは土地の特徴をみていきましょう。土地は、山麓部、丘陵地、台地、段丘、低地部、干拓地、埋立地に分かれています。

●用語解説

| ①山麓部<br>（さんろくぶ） | 山のふもと |
|---|---|
| ②丘陵地<br>（きゅうりょうち） | なだらかな起伏や小さな山が連続する地形 |
| ③台地<br>（だいち） | 表面が平らで、周囲よりも一段と高くなっている地形 |
| ④段丘<br>（だんきゅう） | 河川や海、湖に沿って分布している階段上の地形 |
| ⑤扇状地<br>（せんじょうち） | 谷の出口にみられる、土砂が扇状に広がる土地 |
| ⑥自然堤防 | 周囲より少し高い丘になっている地形 |
| ⑦後背低地<br>（こうはいていち） | 自然堤防の背後に広がっている湿地 |
| ⑧旧河道<br>（きゅうかどう） | 昔の川の跡地 |
| ⑨三角州 | 河口付近に堆積した土砂でできた三角状の地形。泥や粘土でできているので、地盤沈下が起きやすい |
| ⑩天井川 | 土砂の堆積で川床が平地の面より高くなっている土地 |
| ⑪干拓地 | 海や湖の底を堤防で区切り、排水によって陸にした土地。海面より低い場合がある |
| ⑫埋立地 | 土砂で埋めて陸にした土地。水面よりも高くなる |

## ❶山麓部

| 特徴 | 地滑りなどが起こりやすく、一般的に、宅地には適していない |
|---|---|
| 注意点 | ・古い土石流の堆積、地滑りでできた地形、谷の出口にあたるところは注意<br>・崖錐（風化した岩くずが、急傾斜の山麓に落下してできた半円錐状の地形）は特に土石流が起こる危険が高い |

## ❷丘陵地、台地、段丘

| 特徴 | 一般的に水はけがよく地盤が固いので、宅地に適している |
|---|---|
| 注意点 | ・丘陵地、台地の縁辺部は、集中豪雨などによるがけ崩れを起こす危険があり、宅地に適していない<br>・台地や段丘上の浅い谷にある池沼の埋立地は、地盤沈下や液状化が生じる可能性が高く、宅地に適していない |

## ❸低地部

| 特徴 | 洪水、津波、地震に弱く、一般的に宅地に適していない |
|---|---|
| 注意点 | ・扇状地、自然堤防、天井川の廃川は、比較的宅地に適している<br>　ただし、扇状地は豪雨の場合に土砂流による災害の危険があるので、注意が必要<br>・旧河道、自然堤防に囲まれた後背低地、三角州は洪水や地震に弱い土地なので、宅地には適していない |

## ❹干拓地、埋立地

| 特徴 | ・干拓地は高潮や津波に弱く宅地に適していない<br>・埋立地は土砂を積み上げて作る地域で、しっかりとした工事がされていれば、宅地としての利用は可能 |
|---|---|
| 注意点 | ・干拓地は水中にあった場所なので地盤が弱く、地震時は揺れが大きくなる<br>・埋立地は短期間でつくられるため表層の土砂が十分に固まらないこともあり、地震発生時に液状化現象が起こりやすい |

> **Q** 埋立地は、一般に海面に対して比高を持ち、干拓地に比べ、水害に対して危険である。

埋立地は海面に対して数メートルの比高があり、干拓地よりも安全です。干拓地は海面より低くなることもあり、水害に対して危険です。

## ［2］液状化現象

液状化現象とは、地盤が地震による揺れで、液体状になることです。おもに、地下水位が高く、緩い砂地盤（海岸や河口付近、埋立地など）で起こりやすくなります。

● 液状化現象

地下水位が地表面から浅いほど
液状化が起こりやすい

## ［3］等高線

等高線とは、同じ高さの地点で結んだ線のことです。線を見れば、その場所の高さや地形を知ることができます。

●等高線の見方

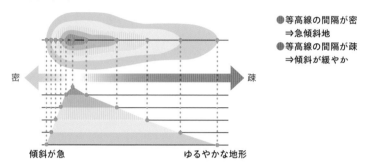

●等高線の間隔が密
　⇒急傾斜地
●等高線の間隔が疎
　⇒傾斜が緩やか

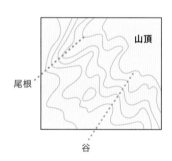

●山頂に向かって高いほうに弧を描いている部分
　⇒谷
●山頂から見て等高線が張り出している部分
　⇒尾根
●等高線が乱れている部分
　⇒過去に土地が崩壊した跡地の可能性が高い

\過去問を解こう/

（平成20・問49-3）

 Q 等高線が山頂に向かって高い方に弧を描いている部分は尾根で、山頂から見て等高線が張り出している部分は谷である。

  A ✕ 等高線では、山頂に向かって高いほうに弧を描いている部分は谷、山頂から見て張り出している部分は尾根となるので、問題文は逆です。

# 2 建物

## ［1］建物の構造

建物の構造はおもに次の4種類があります。

**建物の構造**
**❶木造**
**❷鉄骨造**
**❸鉄筋コンクリート造**
**❹鉄骨鉄筋コンクリート造**

# ❶木造

骨組みを木材でつくる構造です。

## （1）木材の性質

木造の骨組みは木材でつくられます。木材の性質についてみていきましょう。

● **木材の性質**

| 含水率による強度 |
| :---: |

含水率が少ないほど強くなります。

| 心材と辺材の強度 |
| :---: |

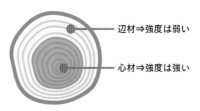

辺材⇒強度は弱い

心材⇒強度は強い

木を輪切りにしたときの、中心部に当たる部分が「心材」、樹皮に近い外側が「辺材」です。強度は心材のほうが強く、辺材のほうが弱くなります。

279

過去問を解こう

（平成29・問50-1）

**Q** 木材の強度は、含水率が小さい状態の方が低くなる。

   ✗ 木材の強度は、含水率が小さいほど強度は高くなります。

## （2）木造建物の特徴

### ●木造建物の特徴

| メリット | ・コンクリート造と比較して、軽量で加工しやすく、強度がある<br>・柱を多くすれば、耐震性が向上する |
|---|---|
| デメリット | ・燃えやすく、防火上の性能が低い<br>・腐りやすい |

## （3）工法

ここでは代表的な木造の工法2つについて解説します。

### ●木材の性質

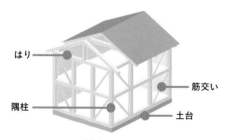

木造軸組工法（在来工法）

はり　筋交い　隅柱　土台

木の柱・はり・筋交(すじか)いなどの組合せで、躯体を構成する工法で、昔から使われています。

枠組壁工法（ツーバイフォー工法）

壁　床

木材の枠組みに合板を打ち付け、床や壁をつくり、くぎと接合金物で建物を組み立てる工法です。

●建築基準法による木造建築物の規定

| 土台 | 鉄筋コンクリート造などの基礎に緊結しなければならない |
|---|---|
| 柱 | 階数が2以上の建築物の隅柱は、通し柱としなければならない |
| はり、けたの横架材 | 中央部付近の下側に、耐力上支障のある欠込み(かきこ)をしてはならない |
| 筋交い | 欠込みをしてはならない。ただし、筋交いをたすき掛けにするためにやむを得ず必要な補強を行った場合は欠込みできる |
| 外壁 | 鉄網モルタル塗その他軸組が腐りやすい構造である部分の下地には、防水紙やその他これに類するものを使用しなければならない |

# ❷鉄骨造

骨組みに鉄鋼材を使用した構造です。

●鉄骨造の特徴

| メリット | ・変形しても壊れにくく地震に強い<br>・鉄筋コンクリート造や鉄骨鉄筋コンクリート造よりも軽量 |
|---|---|
| デメリット | ・腐食しやすく、塗装などの防錆加工が必要<br>・熱に弱く、耐火加工が必要 |

＼ 過去問を解こう ／

(令和2(12月)・問50-3)

 鉄骨造は、不燃構造であり、靭性(じん)が大きいことから、鋼材の防錆処理を行う必要はない。

   鉄は腐食しやすいので、防錆処理を行う必要があります。

# ❸鉄筋コンクリート造

鉄筋とコンクリートを組み合わせて骨組みをつくる構造です。

## （1）鉄筋とコンクリートの性質

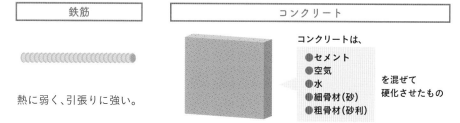

| 鉄筋 | コンクリート |
|---|---|

鉄筋：熱に弱く、引張りに強い。

コンクリートは、
- ⬤セメント
- ⬤空気
- ⬤水
- ⬤細骨材（砂）
- ⬤粗骨材（砂利）

を混ぜて硬化させたもの

圧縮（押される力）に強く、引張りに弱い。防火性、防水性、防錆性が高い。

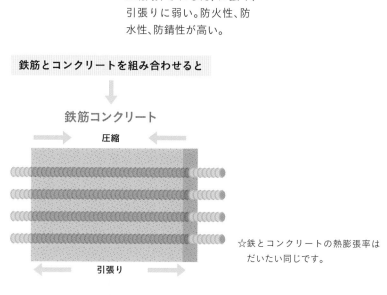

**鉄筋とコンクリートを組み合わせると**

↓

鉄筋コンクリート

圧縮

引張り

☆鉄とコンクリートの熱膨張率はだいたい同じです。

**圧縮、引張りに強くなる**

## （2）鉄筋コンクリート造の特徴

| メリット | 耐火性、耐久性、耐震性が高い |
|---|---|
| デメリット | 自重が大きい |

●建築基準法による鉄筋コンクリート造の規定

| 柱 | 主筋4本以上とし、主筋と帯筋（柱の主筋に巻く鉄筋）を緊結しなければならない |
|---|---|
| かぶり厚さ | かぶり厚さとは、鉄筋の表面を覆っているコンクリートの表面までの最短の寸法のこと<br>①耐力壁以外の壁、床⇒2cm以上必要<br>②耐力壁、柱、はり⇒3cm以上必要 |

# ❹鉄骨鉄筋コンクリート造

鉄骨造と鉄筋コンクリート造を組み合わせた構造です。強度に優れているので、高層ビルなどの建築物に使用されます。

●鉄骨鉄筋コンクリート造の特徴

| メリット | ・耐火性が高い<br>・耐震性が鉄筋コンクリート造よりも高い |
|---|---|
| デメリット | 施工期間が長期にわたる |

## ［2］建築物の構造

建物の構造形式についても、次の4つを押さえておきましょう。

<table>
<tr><td>ラーメン構造</td><td>壁式構造</td></tr>
<tr><td>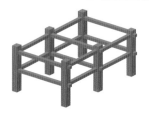</td><td></td></tr>
<tr><td>柱とはりを組み合わせて、建物を支える構造</td><td>壁と床だけで建物を支える構造。柱やはりはない</td></tr>
<tr><td>トラス式構造</td><td>アーチ式構造</td></tr>
<tr><td></td><td></td></tr>
<tr><td>細長い部材を三角形に組み合わせてつくる構造</td><td>中央部が弧を描いた、アーチ型の構造</td></tr>
</table>

## 〔3〕耐震構造

地震対策のための構造は、おもに次の3つがあります。

| 免震構造 | 制震構造 | 耐震構造 |
|---|---|---|
|  |  |  |
| 積層ゴムやオイルダンパー（油の粘性を利用して振動を弱める装置）などの免震装置を設置し、地面から建物に伝わる揺れを軽減する構造 | 制震ダンパーなどの制震装置を柱に組み込み、建物の揺れを少なくする構造 | 建物自体を堅固にして、地震の揺れに抵抗する構造 |

＼ 過去問を解こう ／

（平成25・問50-3）

 制震構造は、制震ダンパーなどを設置し、揺れを制御する構造である。

  問題文のとおりです。制震構造は、制震ダンパーなどの設置で揺れを制御します。

285

# ● 統計問題について 登録講習修了者免除科目

例年、最新の不動産関連の動向の統計が、本試験で1題出題されます。地価公示の傾向や、住宅着工戸数、住宅供給量、宅建業者の数などがおもな出題項目です。この分野に関しては、試験直前に大体の数値や「上昇」「下落」といった動向を押さえておくとよいでしょう。

## 地価公示

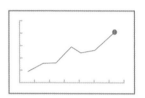

毎年3月に発表されるものから出題されます。「○年連続上昇」「○年ぶりに下落」といった動向をはじめ、全国、三大都市圏、地方圏など圏域別の推移を把握しておきましょう。

## 住宅着工統計

試験の前年1年間の統計について出題されます。対前年比などの動向についてチェックしておきましょう。

## 土地白書・国土交通白書

主に試験の前年のデータから出題されます。土地白書からは、土地の取引件数など国土交通白書からは、宅建業者の数などが問われます。

## 不動産業の法人企業統計

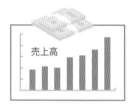

売上高

不動産業の売上高や経常利益の推移について出題されます。全産業のなかの売上高について問われることもあります。

---

● 参考資料　国土交通省　土地総合情報システム ⇒ https://www.land.mlit.go.jp/webland/
　　　　　　国土交通省　ホームページ ⇒ https://www.mlit.go.jp (宅建業者数・住宅着工統計)

合格にむけて
がんばろう！

法令上の制限、税・その他

# さくいん

- memo -

**編著者／明海大学 不動産学部**

平成4(1992)年に、日本で初めての不動産学部として明海大学に設置される。以来、日本を代表する不動産学のパイオニアとして、多くのスペシャリストを輩出してきた。ファイナンス、ビジネス、デザインなどを含め、総合的に不動産学を学ぶことができ、現場の第一線で活躍している指導教員が多いのが特徴。実社会で役立つ知識やスキルを身につけられる授業内容に定評がある。2、3年次への進級要件として、宅地建物取引士の資格取得を定めている。

明海大学ホームページ：**https://www.meikai.ac.jp**
明海大学不動産学部ホームページ：**https://meikai-re.jp**

表紙・本文デザイン・DTP／(株)ローヤル企画
イラスト／小林孝文(アッズーロ)

**■本書へのお問い合わせ**

　本書の記述に関するご質問等は、文書にて下記あて先にお寄せください。お寄せいただきましたご質問等への回答は、若干のお時間をいただく場合もございますので、予めご了承ください。また、お電話でのお問い合わせはお受けいたしかねます。

　なお、当編集部におきましては記述内容をこえるご質問への回答および受験指導等は行っておりません。何卒ご了承のほどお願いいたします。

【郵送先】　〒171-0014 東京都豊島区池袋2-38-1-3F
　　　　　　(株)住宅新報出版 出版部
【ＦＡＸ】　(03)5992-5253

本書は2023年10月1日現在の法令に基づき編集されています。宅建士試験は、その年の法令適用日(例年4月1日)に施行されている法令に基づき出題されます。本書に掲載している法令等が、2024年4月1日までに改正・施行され、本書の内容に修正等を要する場合には、当社ウェブサイトにてお知らせいたします(正誤に関する情報も同様です)。

# https://www.jssbook.com/

＊情報の公開は2025年版発行までとさせていただきます。

---

**2024年版**　ゼロから宅建士 ベーシックブック③法令上の制限、税・その他

2018年 5 月31日　初版発行
2023年11月14日　2024年版発行

編著者　明海大学 不動産学部
発行者　馬場栄一
発行所　(株)住宅新報出版

〒171-0014 東京都豊島区池袋2-38-1-3F
☎03-6388-0052
https://www.jssbook.com/

印刷・製本／シナノ印刷(株)
乱丁・落丁本はお取り替えいたします。

Printed in Japan
ISBN 978-4-910499-77-2 C2032